本书是2012年广东省发展和改革委员会低碳发展专项资金项目“工业园废弃物综合利用体系建设与制度设计”和“乳源工业园区低碳发展目标、路径和规划研究”、澳中理事会国际合作项目(ACC00008)“Australian - China trade and investment in a carbon constrained global economy: A research program”、国家社科基金重大攻关项目(09&ZD021)“应对国际资源环境变化挑战与加快我国经济发展方式转变研究——基于政府规制视角”等课题的部分研究成果，并获得广东省2013年学科建设专项资金的资助

区域产业生态网络的经济研究

QUYU CHANYE SHENGTAI WANGLUO DE JINGJI YANJIU

李广明　著

暨南大學出版社
JINAN UNIVERSITY PRESS

中国·广州

图书在版编目（CIP）数据

区域产业生态网络的经济研究/李广明著．—广州：暨南大学出版社，2013.5
ISBN 978-7-5668-0654-3

Ⅰ．①区…　Ⅱ．①李…　Ⅲ．①产业—生态系统—网络系统—研究
Ⅳ．①F062.9②Q149

中国版本图书馆 CIP 数据核字（2013）第 150109 号

出版发行：暨南大学出版社

地　址：中国广州暨南大学
电　话：总编室（8620）85221601
营销部（8620）85225284　85228291　85228292（邮购）
传　真：（8620）85221583（办公室）　85223774（营销部）
邮　编：510630
网　址：http://www.jnupress.com　http://press.jnu.edu.cn

排　版：广州市天河星辰文化发展部照排中心
印　刷：佛山市浩文彩色印刷有限公司

开　本：787mm×960mm　1/16
印　张：12.625
字　数：231 千
版　次：2013 年 5 月第 1 版
印　次：2013 年 5 月第 1 次

定　价：36.00 元

序

20 世纪 80 年代末，美国学者 Frosh 和 Gallopoulos 在 *Scientific American* 杂志上首次正式提出“产业生态学”的概念，引起了各国学者的广泛关注。近二十年来，许多来自著名大学和研究机构的学者都对该学科的理论和实践进行了不懈的研究，极大地丰富了该学科的内涵和理论架构，同时关注该学科在工业或产业以及城市或社区可持续发展中的应用。在实践方面，还有许多市场自发形成的案例（如丹麦的卡伦堡产业生态园），反映出世界各国的产业或工业界其实一直存在着产业生态的朴素概念及其应用，只是应用范围小，且缺乏完整的理论体系指导。随着可持续发展理念日益深入人心，该领域的研究也呈现出学科交叉和理论上不断深化的趋势，近几年的研究文献中开始出现定量理论模型，表明该领域的学术研究即将进入新的阶段。

近十年来，产业生态学在我国也获得了较快的发展，一些学者从不同的角度探讨了这一学科的理论内涵和发展前景，或从应用的角度针对典型的产业园区进行案例研究，或从系统论、协同论、生态学、社会学等角度进行更深入的理论研究；另一些学者则从产业经济学的角度进行了研究。这些研究都取得了很多重要的学术成果，对于推动我国经济社会的可持续发展和循环经济的发展起到了重要的支撑作用。本学科是循环经济的理论基石，它的发展对于推动我国现阶段提出的发展方式转变、绿色发展和生态发展，将具有重要的理论和现实意义。

本书作者利用自身文理兼修、多产业工作经验丰富和学术视野国际化的优势，选择区域产业生态网络作为独特的研究对象，从区域经济发展、产业结构优化和产业生态化的高度，应用经济学、管理学、热力学等学科的研究方法进行了较系统的交叉学科研究。区域产业生态网络研究属于产业生态学的学术研究前沿，在未来经济社会可持续发展中具有重要的应用前景。国内已有学者出版了从网络理论的角度对区域产业生态网络进行研究的专著，但缺少像本书这样从经济学角度进行该领域研究的专著。本书具有如下特点：

（1）作者对资源环境经济价值计量的方法进行了系统的总结和归纳，以基于人力资本损耗进行环境价值计量的方法为例，对资源环境经济价值计量方法学及其应用进行了较深入的研究，并探讨了环境污染、人力资本和经济增长的关系。这为本书后续章节中将资源环境成本纳入经济学模型和理论体系打下了理论基础。

（2）作者利用自身兼具理工科和经济学复合型学术背景的基础，应用热力学对区域产业生态网络形成的机制进行了大胆的探索性研究，对若干关键问题提出了系统的经济热力学模型和诠释，对于该领域未来的研究方法和路径有重要的启示作用。

（3）作者分别从社会福利和厂商决策行为的角度建立了区域产业生态网络的经济学理论模型，并随后提出了网络绩效的生命周期评价方法，为区域产业生态网络后续的量化研究或实际应用奠定了理论和方法学基础。

（4）在上述理论、模型和方法的基础上，作者针对城乡产业一体化、区域产业布局、旅游产业集聚、县域产业生态经济等热点问题进行了系统的应用研究。

（5）作者最后提出了构建区域产业生态网络的方法学。

综上，本书以崭新的经济学视角，对区域产业生态网络进行了较系统的研究，提出了一些有价值的理论、模型和方法，其中不乏真知灼见，对产业生态学以及区域产业生态的发展均具有重要的参考作用。

李文華（中国工程院院士）

2013 年 5 月

前　言

我国经济社会的发展正在经历一个重要的转型时期。改革开放几十年里工业化与城镇化为国家的强盛和人民生活水平的提高做出了巨大贡献，但也带来了严重的资源环境乃至社会问题。传统的经济学范式并未将自然资源和环境纳入其理论与研究框架，而是重点研究资本增值的过程，仅仅把自然物质当作一种经济媒介，只是承担资本增值的载体，物质产品消费完成后就好像不再存在一样，没有将其作为经济学重要的研究对象。

以此经济学范式演绎而成的大量生产、大量出口、大量消费和大量排放的经济发展模式，造成了资源能源消耗过快、污染物排放过多、水质和空气污染过重，大大降低了我国的自然资源储备，严重破坏了自然环境并降低了居住环境的舒适性，显著减少了国家的自然资本和环境资本存量，在总体国有财富的意义上甚至一定程度降低了国家未来的整体竞争力和可持续发展能力。某些大都市的灰霾天气、某些河流水质的恶化、某些重要产粮区土壤的重金属污染、某些地区极端天气的频频出现等，如果不及时采取措施加以遏制，任其发展，则有可能演变成21世纪的重大公害事件。推动产业体系的生态化转型，转变经济发展方式，优化产业结构，处理好投资、消费与进出口的关系，都将成为我国近期发展的重要课题。

随着“循环经济促进法”、“节约能源法”、“环境影响评价法”、“清洁生产促进法”等法规的出台，循环经济的发展方式在我国已经深入人心，其实现的基础是产业生态化转型与发展。也可以说，产业生态化是我国乃至世界经济社会环境协调发展的基石。而产业生态化改造、转型与发展的主要途径是生态产业园、生态产业集聚、产业生态网络和更加基础性的清洁生产。区域产业生态网络有希望成为未来产业生态化发展的最重要途径之一，因为其不要求参与厂商之间的地理相近性，而只是基于交通、信息、诚信和市场交易而构造的区域产业共生网络，以实现产业副产品的交换、“分解”、循环和再利用，从而达到低消耗、低排放、高产出的生态化发展目的。

迄今为止，国内外对产业生态化的研究主要还停留在概念辨析、案例研究、形成原因、影响因素、绩效考核、可应用的领域及其可行性等方面，只

5 环境污染、人力资本与经济增长的关系 …… 57
5.1 引言 …… 57
5.2 指标选择与模型构建 …… 59
5.3 数据选择与说明 …… 62
5.4 实证分析 …… 63
5.5 小结 …… 66

6 区域产业生态网络的构建条件与影响因素 …… 67
6.1 产业生态网络的运行机制 …… 67
6.2 产业生态网络形成的前提条件 …… 69
6.3 产业生态网络形成的影响因素 …… 74
6.4 小结 …… 77

7 区域产业生态网络的形成机理分析
——区域产业生态网络系统的经济热力学诠释 …… 79
7.1 区域产业生态网络系统的界定 …… 80
7.2 区域产业生态网络系统的内能分析 …… 81
7.3 网络要素联系的紧密度——“隔阂度” …… 83
7.4 区域产业生态网络系统的热力学理论与模型 …… 84
7.5 政策启示 …… 89

8 区域产业生态网络的经济分析
——基于资源环境价值评估的成本效益模型 …… 91
8.1 假设前提 …… 91
8.2 经济分析模型 …… 93
8.3 成本效益均衡与最优区域半径 …… 97
8.4 展望与对策建议 …… 100

9 区域产业生态网络的经济分析
——基于厂商视角的模型 …… 104
9.1 厂商决策的经济模型 …… 104
9.2 厂商决策行为分析 …… 111
9.3 政策建议 …… 115

10 区域产业生态网络的绩效研究 …… 117
10.1 绩效的维度 …… 117

10.2 绩效的研究方法 …… 118
10.3 区域旅游产业生态网络绩效的生命周期评价 …… 120
10.4 主要启示 …… 128

11 区域城乡产业生态网络的构建模式研究 …… 130
11.1 城乡产业生态网络的产业空间布局与功能优化 …… 131
11.2 城乡产业生态网络与城乡生态经济一体化 …… 133
11.3 以构建广州城乡产业生态网络为例 …… 138

12 区域旅游产业生态网络的有效规模研究 …… 140
12.1 旅游产业的外部性与产业生态演化 …… 141
12.2 旅游产业生态网络的内涵与特征 …… 143
12.3 旅游产业生态网络的最优规模 …… 148
12.4 主要启示与对策建议 …… 153

13 我国县域经济产业生态网络的可持续发展研究 …… 155
13.1 我国县域经济可持续发展的现状 …… 156
13.2 未来现代产业体系特点及其对县域经济的影响 …… 157
13.3 县域经济发展中产业共生耦合关系的构造原理 …… 158
13.4 以德庆县为例 …… 160
13.5 构建步骤——以德庆县为例 …… 163

14 区域产业生态网络构建的方法学 …… 165
14.1 网络构建的基本步骤 …… 165
14.2 网络构建的基本原则 …… 166
14.3 网络构建的具体方法 …… 167
14.4 产业生态网络的“孵化”策略 …… 168
14.5 对策建议与启示 …… 170

参考文献 …… 171

后 记 …… 186

Contents

Preface 1

Foreword 1

Chapter 1 Concepts, features and development of regional industrial ecological networks 1

1.1 Research significance 1

1.2 Definition 2

1.3 Features 5

1.4 Research and development in foreign countries 8

1.5 Research and development in China 13

Chapter 2 Methodology of environment and natural resource evaluation 20

2.1 Introduction of evaluation methodology of environment values 21

2.2 Theoretical foundation of environment evaluation 21

2.3 Indirect objective evaluation 24

2.4 Direct subjective evaluation 28

Chapter 3 Environment's economic evaluation based on human capital: Environment pollution cost evaluation based on human capital loss 33

3.1 Study of environment pollution cost evaluation based on human capital inside and outside China 33

3.2 Review and improvement of evaluationg methodology based on traditional human capital and modified human capital methods 35

3.3 Construction of environment pollution cost evaluation model based on human capital loss 37

Chapter 4 **Empirical study of environmet evaluation based on human capital: Guangdong air pollution economic cost evaluation as an example** ······ 42
4.1 Dosage-reaction relationship of Guangdong air pollution based on human capital loss ······ 42
4.2 Human capital loss and stock of air environment pollution ······ 49
4.3 Guangdong air pollution economic cost evaluation based on human capital loss method ······ 53

Chapter 5 **Correlation between environment pollution, human capital and economic growth** ······ 57
5.1 Introduction ······ 57
5.2 Indicator selection and model consstruction ······ 59
5.3 Data selection and explaination ······ 62
5.4 Empirical study ······ 63
5.5 Implications ······ 66

Chapter 6 **Prerequirements and factors of regional industrial ecological network construction** ······ 67
6.1 Operational mechanism of industrial ecological networks ······ 67
6.2 Prerequirements of industrial ecological network creation ······ 69
6.3 Factors of industrial ecological network creation ······ 74
6.4 Implications ······ 77

Chapter 7 **Study of creation mechanism of regional industrial ecological networks: An explaination based on economic thermodynamics** ······ 79
7.1 Definition of regional industrial ecological network system ······ 80
7.2 Analysis of inner energy of regional industrial ecological network system ······ 81
7.3 Compactness of network factor connection: Proximity ······ 83
7.4 Thermodynamics and model of regional industrial ecological network system ······ 84
7.5 Policy implications ······ 89

Chapter 8 Economic analysis of regional industrial ecological networks: A model based on environment and natural resource evaluation 91

8.1 Assumptions 91

8.2 Economic analysis model 93

8.3 Balance of costs-benefits and optimal regional radius 97

8.4 Outlook and policy recommendation 100

Chapter 9 Economic analysis of regional industrial ecological networks: A model based on firms' view 104

9.1 Economic model of firm's decision making 104

9.2 Analysis of firm's decision making behaviors 111

9.3 Policy recommendations 115

Chapter 10 Performance evaluation of regional industrial ecological networks 117

10.1 Dimensions of performance 117

10.2 Research methodology of performance 118

10.3 Life cycle evaluation of regional industrial ecological network performance 120

10.4 Main implications 128

Chapter 11 Study of construction models of regional urban-rural industrial ecological networks 130

11.1 Industrial spatial layout and functional optimization of urban-rural industrial ecological networks 131

11.2 Urban-rural industrial ecological network and urban-rural ecological economic integration 133

11.3 Taking Guangzhou urban-rural industrial ecological network construction as an example 138

Chapter 12 Study of effective size of regional tourism industrial ecological networks 140

12.1 Tourism industry's externality and ecological evolution 141

12.2 Essence and features of tourism industrial ecological networks 143

12.3 Optimal size of tourism industrial ecological networks ………… 148
12.4 Main implications and policy recommendation ………………… 153

Chapter 13 Study of sustainable development of county-regional economic industrial ecological networks in China …………………… 155
13.1 Status-quo of China's county-regional economic sustainable development ……………………………………………………… 156
13.2 Characteristics of contemporary industrial system in the future and its effects on county-regional economy ……………………… 157
13.3 Constructing principle of industrial symbiosis and coupling relationships in county-regional economic development ………………… 158
13.4 Taking Deqing County as an example …………………………… 160
13.5 Constructing steps: taking Deqing County as an example ……… 163

Chapter 14 Methodology of constructing regional industrial ecological networks ……………………………………………………… 165
14.1 General steps of network construction ………………………… 165
14.2 General principles of network construction ……………………… 166
14.3 Particular methods of network construction ……………………… 167
14.4 Incubation tactics of industrial ecological networks …………… 168
14.5 Policy and implications …………………………………………… 170

References ……………………………………………………………… 171

Epilogue ………………………………………………………………… 186

1　区域产业生态网络的概念、内涵与研究发展现状

1.1　研究意义

世界各国工业化过程中都曾经或正在面临着自然资源耗竭、环境损害过快和配置效率低、经济社会发展受到资源环境约束等一系列问题，以致自然界的生态系统严重退化，直接影响人类居住环境，制约社会经济各行业，特别是制造业的进一步发展。面对这些日益严峻的挑战，人类逐渐认识到“增长的极限”，致力于寻求未来社会经济环境可持续发展的道路。迄今为止，已经出现的环境保护、清洁生产、工业生态、循环经济和绿色经济等领域获得了迅速发展。理论和实践都证明，在一定程度上它们已经成为解决上述问题卓有成效的经济模式和发展策略。

从20世纪90年代初开始，工业生态的理念在世界范围内广为传播，学术界很多研究者对其理论和内涵进行了深入的探索，使得该模式获得了很快的发展，在理论上主要表现在绿色制造、去物质化、物质流和能量流的分析、生命周期评价、产业共生、产业代谢和产业生态系统等方面；实践环节则主要体现在生态产业（或工业）园（EIP）在一些国家的成功出现，在实现资源减量化、资源再使用或循环使用、废弃物资源化和污染物减排等目标方面都取得了显著成效。理论和实践证明，工业生态的原理和方法是实现经济社会可持续发展的重要手段。

然而，生态产业园的建设需要将现有产业体系内的或新建的企业集中到一起，不但更多地占用了日益稀缺的土地，增加了企业搬迁成本、专用设备或资产的沉淀成本，还必须大大增加园区周边基础设施的建设投入，同时也可能带来二次污染等问题。而且生态产业园也不能完全解决整个区域现存产业体系的资源环境问题。有些学者近年来提出了产业生态网络（EIN，又称为生态产业或工业网络、虚拟生态工业园、虚拟生态产业园等）的概念，即不要求通过这种网络互相联系的企业全部处于一个固定的园区或场所，只是

利用交通、信息等途径将企业联系在一起，互相形成产业共生耦合关系，就像构建了一个虚拟的生态产业园。产业生态网络可以克服生态产业园的上述缺点，节约大量成本，带来巨大的经济和社会效益，并部分取代生态产业园的功能。目前，虽然在欧美国家也有个别成功案例，但对产业生态网络的研究才刚刚起步，对构建网络的理论、模型、方法及其规律或形成机制等都还没有较系统的研究，更未达成共识。各国的实践证明产业生态网络切实可行，且对于废弃物再资源化、污染物减排、资源综合利用等均具有很大的应用潜力。显然，对产业生态网络这一交叉学科领域的研究，对日益面临资源环境问题的我国乃至世界各国的经济社会可持续发展都具有极其重要的指导意义。它可以极大地推动生态经济、资源环境经济与管理、工业技术经济、环境保护等学科，特别是工业生态学和可持续发展学科的发展，是构建未来人类经济—社会—环境生态大系统的理论基础之一，因而又具有重大的科学理论意义。

1.2 概念界定

由于发展时间不长，相关概念、定义和理论不成熟，关于区域产业生态网络的概念界定要从产业生态发展开始。有关生态发展的研究文献多而零乱，涉及宽广而多层面的思想，并处于不断演化中（Spiegelman，2001）。产业生态发展的宽广性表现在其定义的多样性及其不同侧重的分类。Research Triangle Institute（2001）根据行为主体的属性和侧重点对产业生态发展进行过如下分类：

（1）单一副产品交换模式或交换网络；

（2）循环业务的集群，如资源循环、循环企业；

（3）环境技术公司的群体集合；

（4）制造绿色产品的企业集合；

（5）以单一的环境主体设计的工业园，如太阳能产业园；

（6）带有环境友好的基础设施和建筑的园区；

（7）多功能用途结合的发展，如工业、商业和住宅。

而 Trillium Planning & Development Inc.（2003）在可行性研究中强调产业生态发展的四个概念，最适合于美国的规划区：

（1）以生物为基础的产业集群，生产替代燃料、润滑油和副产品，提升玉米、大豆类农产品的价值；

（2）较高绩效的仓库和配送中心，用于批发零售的物流分部，通过互补的配送渠道使企业成堆选址；

（3）技术研发园区，致力于研究成果商业化；

（4）生态园区，根据生态发展的原理进行生态工业园规划、打造品牌和进行营销，包括企业对企业、企业对社区的网络，能源资源效率，环境保护，可持续的土地利用和建筑等。

Chertow（2002）曾经基于产业生态活动的规模和地理范围将产业生态发展分为五类：

（1）“通过废弃物交换”，企业内循环或将回收物料销售给其他厂商，如废钢经营商；

（2）“限于一个企业内部”，产业生态活动发生在大企业内部，可能是不同企业的集合，也可能是沿生命周期链条的各业务环节的纵向整合；

（3）“限位于生态产业园内的企业之间”，位于固定地理区域内的各企业之间交换物质、能源，共享信息和服务（如交通）；

（4）“在分散的当地企业之间”，依靠现有企业，要求新厂商通过产业生态发展创造新的协同效应，不要求严格的地理相近；

（5）“虚拟产业生态园”，允许各地企业共享废物流，但远距离的企业之间进行协同是不可能或没有效率的。

Musnikov 和 Schlarb（2002）将产业生态活动分为四种类型：

（1）产业生态园，采用传统产业园的模式，将几个重要的企业集中到一起；

（2）改造型产业园，按照产业生态发展原理将现有的产业园改造成产业生态系统；

（3）虚拟产业生态网络，在某一个区域内各产业之间建立物质流和其他联系，而不需要企业搬迁；

（4）各形式的结合体，同时采用上述两种或三种产业园形式。

从有关产业生态发展的分类方法的研究文献可以看出，产业生态发展的定义和边界尚不明晰，尚无法判断哪一种模式更适合于产业生态发展。显然，大部分的分类法都包含了产业生态园和产业共生网络的概念。有关产业生态学和产业生态发展的文献都同时用到了这两个概念，而其他文献则介于二者之间。尽管生态产业园的术语被广泛采用，但产业共生关系不一定就存在于园区内（Harper & Graedel，2004）。因此，生态产业园是产业共生的一部分（Chertow，1999）。根据产业生态学和产业生态发展的概念，产业共生是实现可持续发展的重要手段。Mangan 和 Groberg（2005）认为这个手段已经存在好多年，但曾经采用了不同的表述方式，例如副产品协同、绿色孪生、零排放或100%循环使用、摇篮到摇篮的生态制造。产业共生网络寻求提高商业绩效，减少污染与排放（Cohen - Rosenthal，2004）。Korhonen 和 Strachan（2004）识别出产业生态学和商业研究最清晰的联系是产业共生，该概念迄今最容易理解，是自然生态系统原理在工业系统中应用最普遍的一种形式，也是企业实际环境管理中最有潜力的手段。当两个以上的商业通过互相适应彼此的副产品或废弃物而实现合作或联合时，就实现了产业共生。这不仅增加了利润并获得了竞争优势，同时也由于减少了废弃物排放和自然资源的消耗而保护了环境。

Chertow（2002）基于产业生态活动的规模和地理覆盖范围对产业生态化发展的分类是最有效的方法。Musnikov 和 Schlarb（2002）及 Roberts（2004）采用了类似的分类方法。而 Trillium Planning & Development Inc.（2003）及 Research Triangle Institute（2001）比较注重产业和特殊性，把概念复杂化了。特殊性导向的分类不利于发展普遍性方法，而以产业为导向的分类限制了副产品交换，不利于产业共生的发展。Korhonen（2002）认为产业共生需要在系统内存在多元化的参与者来实现副产品协同。因此，基于产业生态活动规模与地理范围的分类是最有利于产业共生关系发展的。Chertow（2002）认为其分类法中最后三种产业生态活动属于产业共生，即

（1）厂商选址接近实现设施共享和共生（生态产业园）；

（2）厂商选址不集中，不需要严格的地理相近性（产业生态网络）；

（3）厂商之间通过虚拟网络（虚拟生态产业园或网络、产业共生网络）可以远距离实现共生，例如区域网络。

现有工业园改造型在 Musnikov 和 Schlarb（2002）的分类中归为“灰地发展模式”，是产业共生的重要组成部分。Chertow（2002）分类法中的产业生态园包含新建（绿地发展）和现有改造（灰地发展）两种类型。

基于上述讨论，Agarwal 和 Strachan（2006）提出了更加理性的分类法，没有基于产业考虑，强调了产业系统的多元性，这是产业共生的根本特征，也包含了设施共享和跨产业的共生：

（1）绿色孪生（单一的物质能量交换）；

（2）生态产业园（绿地发展）；

（3）产业生态园（灰地发展）；

（4）产业生态网络（对地理相近性无要求）；

（5）虚拟产业生态网络（网络在大的区域内铺开，如区域网络）；

（6）网络化的生态产业系统（跨区域联络的宏观层面发展）。

本书研究的区域产业生态网络主要涵盖这个分类中的后三类，即产业生态网络（对地理相近性无要求）、虚拟产业生态网络（网络在大的区域内铺开，如区域网络）、网络化的生态产业系统（跨区域联络的宏观层面发展）。这三类产业生态发展模式具有相似的本质特征，即不要求共生企业选址的地理相近性，废弃物或副产品的交换、企业或产业之间的共生关系可以通过信息网络和交通运输网络实现。三种模式的差别主要是产业生态活动的规模和涵盖的地理范畴不同。理论上讲，区域产业生态网络的地理范畴不受限制。

考虑到本领域研究较少，文献中所用专用术语较多且略显混乱，为简化起见，本书对“虚拟生态产业园”、“虚拟生态工业园”、“虚拟共生网络”、“区域副产品交换体系”、“生态产业网络”和“生态工业网络”等不加区别，视为同义词。本书中主要采用“区域产业生态网络”的提法。

1.3 内涵与特征

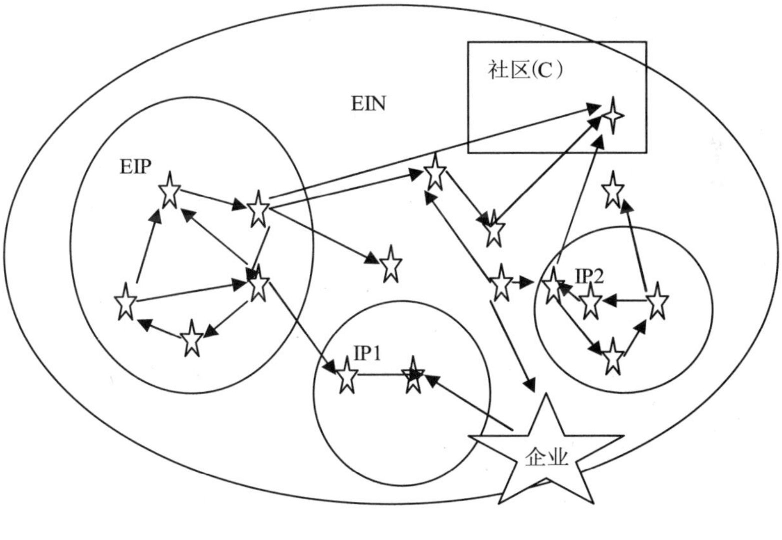

图1-1 传统工业园（IP）、生态产业园（EIP）、单体企业（☆）、社区（C）和产业生态网络（EIN）之间的关系

注：根据石垚（2011）修改。

如图 1－1 所示，生态产业园（EIP）由一系列单体企业或社区通过共生耦合而成，比主要通过产业集聚体现收益的传统工业园有更好的资源环境绩效，可以在更广的范围内实现“3R”原理（即减量化、再使用、再循环），但对入园企业的要求较高，如果企业不能实现清洁生产，或者不能通过共生耦合消化副产品污染物，就不符合入园标准。而产业生态网络（EIN）则不要求企业或其他成员位于固定的场所，成员之间的物质流、能量流可以通过信息技术平台进行信息交换，通过运输网络实现物质、能量的实物交换。

虽然生态产业园在近 20 年获得了较快的发展，被认为是实现产业生态化和循环经济的重要手段之一，但生态产业园存在一定的局限性（见表 1－1）。中小企业技术水平相对较低，生产规模相对较小，不一定能够达到入园的要求。受地域所限，园区为了经济效益可能放宽入园标准，只好让环境绩效达不到要求、不能与其他企业有效共生的企业入园，降低了园区的整体环境绩效和稳定性（郭莉等，2004）。

表 1－1　生态产业园和产业生态网络的主要区别

	生态产业园	产业生态网络
地理位置	需要将企业搬迁到固定的区域，付出搬迁成本，额外占用土地，园区建设还需要投资	产业生态网络也叫虚拟生态产业园，不要求企业处于同一区域，节省搬迁成本
稳定性	副产品交换范围小，物质流容易波动，企业间的共生关系脆弱，容易受到副产品提供企业物质流变化的影响，稳定性较差	企业在较大范围内与较多企业形成副产品的供求关系，物质流稳定性较好
技术创新激励	一旦形成副产品（污染排放物）交换关系，企业间就有固定的副产品“分解”（或处理）模式与工艺。产业链上游企业的工艺和产品的变化会改变排放污染物的特性，会影响下游副产品“分解”企业的运营，结果是企业担心稳定性变差，缺乏通过技术创新进一步降低污染物排放的动机，不利于提高企业个体的环境资源绩效	企业在区域范围内形成副产品交换关系，在较大的腹地内形成副产品交换市场，有利于寻找到较好的副产品“分解”技术和方法，开展技术创新的灵活性好
物流成本	节约物质流的交通运输成本	可能付出较大的交通运输成本

注：笔者根据资料整理。

产业生态网络和生态产业园有本质的不同，具有其自身的突出特点，不能作为生态产业园的特例来处理。前者不仅建立了企业之间的共生关系，还建立了三次产业[①]之间的副产品交换和共生关系，又突破了物理空间的限制，地理位置不在一起的企业也可以通过信息交换平台和交通运输体系形成共生和交换关系，而且选择成员的范围宽广，在企业、政府、社区、中介组织和消费者之间建立了更大范围的共生和副产品交换关系。如果产业生态网络的运营成本（主要体现在交易成本、交通运输成本、信息交易平台开发与维护成本等）小于获得的循环回收的资源价值和环境价值，无论物理空间距离多远，理论上都可以形成并持续发展。因此，产业生态网络是区域产业生态化和循环经济发展的较为理想的模式。

因此，产业生态网络中企业之间的空间距离较远，企业的共生关系遵循不同的规律，企业具有不同的共生模式，共生关系也有不同的形成机理。例如，企业经理人之间的熟悉程度、文化差异的影响等，在产业生态网络内可能就不再像在生态产业园内那么重要，更多的是基于市场机制进行交易，更多地取决于信息的透明度和交易平台的完善程度。

产业生态网络内企业之间空间距离远，需要通过交通运输体系完成物质流的交换。如果距离过远，则交通运输费用过高，可能超过了副产品交换体系的收益（包括环境收益、资源循环收益），使得产业生态网络在经济上不可行。因此，可能存在一个合理的规模边界。

如果企业迫于环境规制和公众舆论的压力，具有搬迁进入位于另一个区域的生态产业园的动机，但可能丧失原有客户群体，也可能远离相对廉价的生产原材料供应地，或者企业经营环境不像原来那么有利，那么其决策过程就可能受到影响。由于生态产业园内企业数量受到限制，提供给“分解者”企业的副产品来源数量有限，一旦技术、政策或市场发生变化，上游企业的变化就有可能影响共生链的稳定性。故生态产业园有其局限性，并不容易形成稳定的区域生态产业体系。而产业生态网络上游企业有较好的多样性，则可以较好地回避该问题。

因此，产业生态网络是一种“产业和产业、产业和社会、产业和环境间横向耦合、纵向闭合、区域融合和社会整合的系统关系，是实体空间（园区实际占用和规划占用土地以及园区外围的生态服务用地）和虚拟空间（园区产业向外部拓展所占用或共生的非连续空间以及物态经济向服务经济、知识经济和总部经济转型的非物质空间），物态空间（资源、环境、

---

① 这里的三次产业包含第一、二和三产业，下同。

市场）和生态位空间（生态利导和限制因子、生态优势和劣势、生态基础设施和服务功能）的系统整合”（刘晶茹等，2011）。产业生态网络具有高的生态效率、强的生态整合力、小的生态足迹、丰富的生态多样性和低的生态风险（Lowe，1997）。

由此可见，已有研究基本上都没有将产业生态网络作为一个独特的产业生态学问题进行研究，而是把它视为生态产业园的一种模式，没有研究其特殊性和有效性，世界范围内关于产业生态网络的成功实践案例也比较有限。因为产业生态网络和普通的生态产业园有共性，关于后者的研究取得的一些理论、模型和研究成果，也有值得前者借鉴之处。美国 Texas 的 Brownsville 生态产业园和 North Carolina 的 Research Triangle Park 是世界上虚拟生态产业园①较成功的典范，它们就是通过建立模型和数据库，为各类型企业提供了合作平台（刘晶茹等，2011）。“三钢集团”计划建设国内首个虚拟生态产业园，郑州经济技术开发区也提出建设农工复合型虚拟生态产业园（陈书雪等，2011；刘晶茹等，2011），说明国内的有关应用实践才刚刚开始。为了推广应用这种区域产业生态化的模式，有必要就产业生态网络的理论和实践进行更深入的研究。

1.4 国外研究与发展现状

关于产业生态网络，国外学者对其概念界定、内涵、特征、本质及其与产业生态发展或可持续发展的关系有较深入的研究，其余则多数是从现实存在的生态产业园或网络中寻找有用的知识和经验（Tudor et al.，2007）。但经过对产业共生网络多年的总结、归纳和探索，近几年来，国外的研究者很多都把注意力转到了更深和更广的理论研究层面。总的来讲，研究工作主要集中在如下几个方面：

（1）关于生态发展理念的产生和历史演化。

Cote（2000）将生态发展看成是通过环境与资源管理达成协作而寻求更好资源环境绩效的制造业和服务业的群体。生态发展战略在商业中已经实践了几个世纪，以保护有价资源、鼓励创新和实现财务利润最大化

① 如前所述，本书将“虚拟生态产业园”、“生态产业网络”和“产业生态网络”等视为同义词，有些研究者采用了不同的术语，如“产业共生网络”。

(Trillium Planning & Development Inc. , 2003)。Cohen - Rosenthal (2003) 认为产业生态联系总是存在于各种商业和社区之中。Desrochers (2002) 通过19和20世纪以来的文献展示了历史事实，表明企业之间的循环关联是过去经济发展的重要特征，但来自于产业生态和相关领域的大部分评判者（Simonis, 1994; Ayres, 1994; Cote & Smolenaars, 1997; Frosch, 1995; Lowe, 1997; Ehrenfeld & Gertler, 1997）都忽视了这一点。Desrochers (2002) 认为原因有二：一是缺少有关企业之间循环联系的同步形式的研究；二是20世纪对资源回收的市场扭曲和制度障碍的逐渐积累。他列举了大量的历史证据，反驳过去的经济发展属于"开采—使用—废弃"的线性模式的观点。生态发展战略不属于一个新的思想，过去它由于受技术水平和制度障碍所限，仅仅在较小的规模上实践。其创新之处表现在对这些战略的多目标综合应用，以实现财务效益最大化、商业与社区联系的强化以及环境损害的降低。Trillium Planning & Development Inc. (2003), Cohen - Rosenthal (2003) 及 Sterr 和 Ott (2004) 则认为过去较小规模上对生态发展战略的实施可能是无意识或不够系统的。Cohen - Rosenthal (2003) 认为，如果是有意识的或系统的，能为股东、利益相关者和环境带来价值，对应的利益相关者就知道如何调整以适应新的市场、技术和原材料，而产业生态发展的现状表明并非如此。产业生态领域的进步，特别是产业生态从物质流和能量流向人力资源、战略管理与政策期望转化，对于深化认识、系统化及其进一步发展起到了至关重要的作用。况且已有文献确认这些产业生态活动（规划的和未规划的）是为股东、利益相关者和环境带来增加值的。

(2) 关于产业生态活动或发展模式的分类和特征。

Roberts (2004) 用不同的方法将产业生态发展分为三个不同层次，即企业层面、产业生态园或产业共生网络、网络化的产业生态园。企业层面应用产业生态原理可以取得可观的运营效益，但因回收成本的约束而受废弃物和副产品的数量规模及品质的影响。根据 Laybourn (2002) 的报告，"产业生态园"和"产业共生网络"涵盖了比较多的要素，包括企业的能量和物质平衡，生产工艺和产能，基础设施和功能支持的需求，人力与知识资本等，在网络公司直接沟通的基础上寻求长远而连续的合作关系。类似地，Mirata (2004) 认为产业共生网络可以改善不同资源和产能的效率与效能，超过企业个体各自为政时的情形。Roberts (2004) 认为"网络化的产业共生系统"是产业共生网络的集群，比产业共生网络要高一个层次，代表了产业共生网络宏观层面的发展，跨区域地与其他产业共生网络之间存在战略性的关联或联盟。

产业共生和其他工业可持续发展战略相比有一定的优势（Altham & Van Berkel，2004）。Kalundborg 案例被文献反复引用表明产业共生是很成功的手段，而成功的案例不多则表明产业共生网络不容易规划、开发和管理。Kalundborg 网络共生的建设是基于 6 个生产企业、1 个废弃物处置企业和 Kalundborg 市政之间的网络化合作，这些企业可以成功地以商业化开发彼此的副产品或残余物，减少污染和自然资源的消耗。这种产业共生是从过去 25 年间逐渐演化而来的，没有预先的总体设计，因为企业为寻求副产品的经济利用，降低了遵守新的和日益严格的环境规制而带来的环境成本（Ehrenfeld & Gertler，1997）。尽管获得了有形的环境收益，废弃物的双边交换却主要是通过经济收益来激励的（Christensen et al.，2000）。

（3）各国生态产业园形成的原因、动机和识别方法。

Desrochers（2002）研究了丹麦的 Kalundborg 和欧美国家的典型生态工业园，认为产业共生的主要成因是通过副产品获利或原材料循环使用带来生产成本降低的企业家行为；产业共生是历史上很普遍的现象，只是被现代研究者所忽略而已，因此以废弃物交换为基础的生态工业网络是可以获利的，并能由企业自发形成的。Chertow（2007）对追求产业共生关系的激励和途径进行了历史性的回顾，认为产业共生包含物质、能量、副产品和水资源在多元化的企业之间的物理交换，发现现有的产业共生比设计建设生态产业园的做法更能够带来产业的可持续发展。他对美国总统可持续发展委员会建议的 15 个项目进行分析，并与另外 12 个自组织形成的项目进行比较，就如何识别和挖掘现存的产业共生关系“内核”提出了对策，就如何发现有发展前景的潜在的更大的产业共生关系的苗头提出了政策建议。

（4）成败和现状评价研究（Chertow，2000；Lamber & Boons，2002；Chertow，2007）。

迄今为止，比较重要和普遍达成共识的一个发现是，政府部门的产业或区域发展规划、政策法规、政府补贴等引导性行为对虚拟生态工业园（网络）的启动有一定的推动作用，但最终要通过市场机制才能促进其纵深发展和获得成功，并实现良好的资源环境绩效和经济社会可持续发展（Desrochers，2004；Heeresa et al.，2004）。另一个较重要的发现是，在比生态产业园更大的区域层面上进行区域副产品交换，构建生态工业网络，有一定的可行性（Desrochers，2002），也存在成功的案例（Sterr & Ott，2004），但区域内参与企业之间的沟通、诚信、合作关系构建有困难

（Lamber & Boons，2002）。

（5）产业生态实践和生态产业园存在的问题、影响成败的因素、解决问题的措施和办法、政府部门的协调引导作用等（Lamber & Boons，2002；Mirata，2004）。

Desrochers（2002）研究了本地区层面和区域之间形成城市与企业之间物质循环联系的经济激励机制，认为当前培育生态产业园和产业生态网络的地理范畴过于狭隘，而公共规划不可能比企业的自组织行为更加有效。从 Kalundborg 生态产业园获得的最重要经验是其规制框架的柔性。

Sterr 和 Ott（2004）研究了德国 Rhine - Neckar 产业区域作为生态工业发展载体的问题，认为和生态产业园相比，规模相对较大的区域可能更适合物料闭环，构建可持续产业生态系统，但同时也带来其他问题，例如建立区域生态体系成员之间必要的信任和协调、数据的收集和规范化、减少搜寻合作伙伴的交易成本等。IT 工具和软件是生态产业发展的支撑，可以加强工业企业之间的正协同效应。

目前生态工业园仍存在许多问题，并没有进入大发展的阶段，没有形成成熟的运作模式（McManus1 & Gibbs，2008），对其形成机制也没有统一的认识（Gibbs & Deutz，2007）。有些学者还将产业生态学原理应用于城市规划、区域景观设计等领域（Yang & Lay，2004），并深入探讨其对可持续发展的意义（Korhonen，2004）。

Gibbs 和 Deutz（2007）对欧美国家的 16 个生态产业园（EIP）进行了深度的访问和调查，发现企业和工业过程之间通过废弃物或物料循环建立的网络联系很有限，这些园区仍然处于发展的起始阶段，所谓的联系仅仅是想法。建立全新的生态产业园的较现实的做法是：在同一地点基于现有的和可能的联系，通过积极主动的政策，建立园区。Tudor 等（2007）对 EIP 进行了评价，认为生态产业园存在固有的限制，需要克服，提出了 EIP 成功构建并长期生存的改进建议和措施。

（6）社会与人文因素对产业生态网络建构的影响。

Andersson 和 Sweet（2002）研究了厂商在参与产业网络后必须进行的战略调整及其产生的问题，Domenech 和 Davies（2009）应用社会网络分析与网络理论于产业共生，分析社会侧面的影响，而 Jacobsen（2009）分析了社会因素对厂商参与产业共生的影响。

（7）资源环境绩效及其对经济、社会可持续发展的意义（Gibbs et al.，2005）以及产业生态网络潜在的应用领域和效益（Cohen - Rosenthal & Galliard，1996；Deppe & Cohen - Rosenthal，1999）。

（8）产业共生和产业生态网络的理论框架与建模。

Boons 等（2011）发现，越来越多的证据表明，政府部门、厂商、NGO 都在试图推进产业共生，但这个概念及其应用缺少一个综合的理论框架。他们提出的框架可以作为区域产业系统改变产业关联以减少生态影响的动力学基础。产业共生的概念框架包含两个层面，即区域产业系统层面和产业共生概念扩散的社会层面。他们将两个层面的动力学与生态影响的变化和制度能力的提升关联起来，并基于理论框架内的变量及其基本关系，提出了研究路径。研究的路径是：制度的能力在区域产业系统中是如何随时间而演变的，这些系统如何影响产业生态，对产业共生的诱导和阻碍因素是否可以通过传播机制来理解，这些机制如何相互作用以创造出产业共生的不同扩散模式。

Chertow 和 Ehrenfeld（2012）基于生态学、生物学、组织理论和系统理论提出了一个产业共生的不连续三阶段模型。这个模型从随机形成阶段就包含了大量的厂商进行物质与能量交换，有意识、有意图地追求网络收益，将信念和习俗制度化，以构成成功的合作行为。因变化多，故不存在一个独特的路径达到这个结果。对收益的认可是推动这些自组织系统发展的迫切特征。

Lombardi 和 Laybourn（2012）根据产业生态学的本质和生态学的哲学分析了产业共生的术语，提出了一个新的产业共生概念，有助于推动创新性的绿色增长。产业共生涉及网络中的大量组织、培育生态创新与文化的长远变化，网络中的知识创新与知识共享为产品带来了互惠的有利交易，为副产品带来了实现增加值的平台，而商业与技术过程得到改善。尽管地理相近性与产业共生经常相关，但不是充分必要条件，物质资源的交换也不是重点。

Cimren 等（2011）开发了一个决策支持工具用于分析副产品协同效应（BPS）网络，后者涉及在区域产业群内的物质加工与运输。数学编程技术用于决定最佳网络设计与物料流，以使总成本或环境影响最小化。这个方法学被镶嵌到图形软件版 EcoFlow™ 中。该工具用于模拟和分析 Missouri Kansas 市 BPS 网络中的各种协同效应。通过对一个不存在协同效应的基础案例与 EcoFlow™ 找到的最佳解进行比较，结果表明，当网络中的厂商以合作的态度谋取系统利润时，每年可节省的费用高达 1 500 万美元。BPS 方法可以减少 29% 的总成本、25.8% 的平均企业成本、30% 的二氧化碳排放和 37% 的固废。该模拟方法可以拓展，以更好地表述工业与生态过程。

总而言之，产业生态网络中产业（或工业）共生耦合关系既可能是企业或组织自发形成的，也可能是由政府部门、中介组织、企业、当地社区或投资商主动设计、引导、培育或促进而成。后者对产业共生网络的协调和促进作用在很多文献中都有提到（Mirata，2004；Cote & Smolenaars，1997；Burstrom & Korhonen，2001）。但根据国外部分学者的研究，基于成本考虑，使利润最大化的市场机制自发形成的虚拟生态工业园（网络）更有效率，例如著名的 Kalundborg 工业园、奥地利的 Styria、德国的 Ruhr、芬兰的 JyvaÈ skylaÈ 地区、美国洛杉矶的石化联合企业和加拿大的 Houston、Sarnia 工业园都是长期自发形成的（Desrochers，2002）。

1.5 国内研究与发展现状

国内有关产业生态网络的研究较少，且多以定性分析为主，缺乏较严谨的定量和实证研究，概括起来主要集中在以下几个方面：

（1）产业生态网络（EIN）或虚拟生态产业园的概念、内涵和应用（金涌等，2003；周宏春、刘燕华，2005；王如松等，2006；冯之浚，2004；于秀娟等，2003）。

（2）虚拟生态产业园（或副产品交换体系）的特征、意义、运行条件、构建的可能性和影响因素分析，工业园区中产业生态网络构建的影响因素和途径，构建企业生态链条、完善管理机制和案例分析或实证研究等。高丽峰等（2005）从副产品交换的实质出发，提出了副产品交换的五大特征、影响因素和潜在问题。韩天锡和兰友根（2004）阐述了虚拟生态工业园建设的必要性及构成环境和运行条件。邓云等（2005）提出我国制造业基于制造商驱动模式构建虚拟生态产业园的观点，对其资金、功能和运营的可能性进行了定性分析，分析了通过制造企业改造、现有资源整合等途径，改善企业现状，实现经济效益、社会效益和环境效益。曹英姿等（2006）认为，构建珠江三角洲区域生态工业网络是必要的和可行的。宏观上，应进行合理布局，重点考虑入网行业、地理分布、试点行业和园区；微观上，解决如何更好地构筑企业共生体和生态工业链、提高生态工业网络的竞争力和稳定性等关键问题；管理上，注意完善机制，建立有效的内部管理机构，保证充分的信息沟通；政府层面上，充分发挥政策的支持和引导作用等，以保证生态工业网络稳定运行。

刁晓纯、苏敬勤和康宇航（2009）通过测度产业生态网络，识别内外部环境要素，对其与产业生态网络构建之间的作用关系进行实证分析，提出企业在信息共享、合作时间、交易方式和投入资源方面与网络成员开展一体化合作，以及与不同网络成员在不同领域开展多元化合作形成构建产业生态网络的具体途径。研究结果表明，直接经济利益、风险管理、技术因素、信任、环境保护和政策支持是影响产业生态网络构建的内外部环境要素，从而在环境决定组织模式的范式下研究了如何在工业园区中构建产业生态网络的核心问题，为实现区域经济和环境“双赢”发展提供了理论依据。

（3）区域副产品交换与技术创新的关系、产业生态化发展的路径选择。郭莉、苏敬勤（2004）通过对区域副产品交换和生态工业园两条路径的形成规律分析以及在管理手段、经济效益和环境效益上的对比分析，揭示了在区域副产品交换和生态工业园基础上建立的产业生态网络将是产业生态化发展的路径选择。郭莉等（2008）分析了产业共生和技术创新的悖论，认为产业共生与技术创新协同进化，产业共生可以促进技术创新，而技术创新也可以促进产业共生的发展。

（4）经济可循环度。衡量某一经济领域发展循环经济的现实能力。“废弃物”的价值密度、收集和运输成本、分离成本、再加工成本以及固定成本的大小决定了其经济可循环度（郭庆方，2008），通过经济可循环度决定的数学模型表明，如果某一“废弃物”的价值密度较高，收集和运输成本、分离成本、再加工成本或者固定成本较低，其经济可循环度就比较高。为了提高某一经济领域的经济可循环度，不仅需要在企业、园区和社会等不同层面大力发展范围经济，还需要健全循环经济的产业组织形式、推进技术进步和完善税收等各项政策措施。

（5）对生态产业园区构建的系统分析和集成方法研究、信息流生态分析、联合企业型生态工业系统的分析和案例研究等（胡山鹰、李有润、沈静珠，2003；沈静珠、王韬，2003；冯久田，2003；胡山鹰、梁日志、房鑫，2003）。

（6）产业生态系统稳定性（张萌、胡军，2007；吴志军，2006）。吴志军（2006）认为，工业共生网络作为生态工业园内的企业组织形式，其稳定性和安全性决定了生态工业园的存亡。就目前来看，生态工业园内一些企业采取投机行为，以追求自身利益最大化，严重威胁着工业共生网络的成功运行。因此，对投机行为进行治理迫在眉睫。另外，他还对生态工业园工业共生网络中的投机行为进行了研究，并结合工业共生网络的特点，提出了四种治理范式且进一步研究了每种治理范式的特点、应用范围和适用条件，同时也提出了相关对策和建议。张萌、胡军（2007）认为，对工业生态系统稳定性的定义来源于生态系统基于初始状态的水平和非平衡范式的稳定，“抵抗力”和“恢复力”成为表征工业生态系统稳定性的重要内容。工业生态系统的稳定性是一种开放的、动态的、相对的、整体的稳定。通过对大量国内外文献的研究分析，筛选出影响工业生态系统运行的结构型、技术型、外部条件等三大类17项可能影响因素，这些因素的识别对于维持工业生态系统的良好运转并获得成功至关重要。基于生态种群增长规律的Logistic模型和基于合作博弈的利益分配模型为定量研究工业生态系统的稳定性条件提供了技术支持。关于工业生态系统稳定性的评价体系研究少有涉足，这也为后续研究提供了广阔空间。张萌、姜振寰和胡军（2008）认为工业共生网络是生态工业园内企业生态合作的主要组织形式，能否稳定运行至关重要。从生态工业园工业共生网络组织结构出发，将其运作模式分为依托型、平等型和嵌套型三种；运用生物学中描述不同种群共生现象的Logistic模型，求解不同运作模式下企业共生的稳定性条件。由于工业共生网络运作模式不同，其面临的风险和具有的效率就不同，因而网络运作的安全性和稳定性各有差异。在此基础上，提出了相应的治理措施，为实现生态工业园工业共生网络的稳定运行提供了参考。

（7）产业生态网络演化的路径与影响因素。刁晓纯、苏敬勤（2008）认为工业园区产业生态网络的不断进化能够更加有效地促进工业园区经济、环境的可持续发展。在回顾产业生态网络及其进化的相关研究成果的基础上，采用探测性因子分析识别出系统开放、网络柔性、要素均衡和价值增值是产业生态网络进化的关键变化因子，从而有针对性地提出促进产业生态网络进化的对策措施。

刁晓纯、苏敬勤（2008）基于交易费用理论和企业资源理论，论述了不断提高生态效率和固化核心能力是产业生态网络演进的两种方式，并结合协同中序参量的识别方法以及我国部分地区产业发展数据，对两种演进方式进行比较，认为基于生态效率的产业生态网络演进方式是促进我国产业可持续发展的关键。

郭莉、苏敬勤、徐大伟（2005）对中国产业生态系统演化机制的研究是生态工业领域的一项探索性工作。他们运用自组织理论中的哈肯模型，建立了产业生态系统演化方程，以北京、上海等21个省市为样本进行实证研究。结果表明，反映环境科技进步的环保生产率是产业生态系统演化的序参量，从而从自组织理论角度增强了生态工业主要依靠技术创新这一结论的可信度和说服力。

（8）工业园区产业生态网络绩效测度。刁晓纯、苏敬勤（2008）论述了工业园区产业生态网络的系统构成和网络特性，并借鉴网络组织绩效评价的基本框架，提出园区产业生态网络的绩效可以从网络适应性、网络增值性、网络开放性、网络和谐性等四个方面进行测度。同时，运用问卷调查与实证数据分析相结合的方法，研究了测度工业园区产业生态网络的指标体系和指标权重，力图从园区环境、经济、社会协调发展的视角结构化地评估工业园区产业生态网络的绩效。

（9）产业生态网络的组织和运作形式、企业行为与驱动力分析。孙广生、田海峰（2006）认为环境治理的组织形式既可以是单个企业的末端治理，也可以是具有纵向关系的企业间合作治理。后一种环境治理组织方式因在激励机制、节约信息成本和治理成本等方面具有优势，已经越来越成为政府环境治理和企业提高竞争力的重要途径。他们试图借助交易费用理论，从供应链的视角考察具有纵向关系的企业间合作环境治理的组织形式与结构，并进一步探讨供应链上环境治理的驱动者与驱动方式的选择问题。分析表明，面向供应链的环境政策是末端治理政策一个很好的补充与替代，但面向供应链的环境政策必须能够降低供应链上企业环境治理的交易成本，并依据纵向关系或供应链的组织特征而有所差异，才能提高企业的环境治理效率。

王兆华、尹建华（2005）认为工业共生网络是生态工业园内企业合作的主要组织形式，但由于生态工业园形成的路径不同，工业共生网络运作模式也各有差异，不同的运作模式面临的风险和具有的效率也不同，最终会影响整个共生网络运作的安全性和稳定性。并结合国际范围内生态工业园发展趋势提出的依托型共生、平等型共生、嵌套型共生和虚拟型共生四种最具代表性的工业共生网络运作模式，分析了其形成机理、运作特点和存在的风险，并提出了相应的政策建议，以期为我国顺利进行生态工业园建设提供理论参考。

肖忠东、顾元勋、孙林岩（2009）从卡伦堡产业共生体系实例着手，用农业和工业两个核心角度分析产业共生体系中的产业结构，其中把以工业为核心的产业结构分为物质型共生、能源型共生和混合型共生三种类型。在此基础上，探讨了共生产业之间生产规模的内在联系，并运用上述理论对 Kalundborg 产业共生体系进行反思，认为该共生体系具有较大的刚性，由此带来共生体的脆弱性，主要表现在对原材料数量和种类的过分依赖，会导致共生体系内部经济机制运行的不合理。最后得出产业共生体系应该遵循的四个基本原则。

刁晓纯、苏敬勤（2008）基于组织维度理论并使用SPSS统计软件对303家工业园区的样本企业进行统计分析，基于合作的多样化和紧密策略两个维度识别出自主型、互动型、整合型和松散型四种结点企业参与产业生态网络合作的模式，并进一步通过方差分析法证明了不同的结点企业参与模式对应的产业生态网络柔性存在差别。

张迪、张象枢、陈禹（2009）在概述发展循环经济对企业要求的基础上，讨论了企业发展循环经济的主要行为及其驱动因素，并由此建立了分析框架：在经典的“结构—行为—绩效（SCP）”范式基础上，借鉴了“压力—状态—响应（PSR）”模型的外部驱动机理，提出适宜于分析企业发展循环经济的“结构—驱动力—行为—绩效（SMCP）”模型。它可用于分析与评价企业发展循环经济的驱动力、行为及相应绩效，为政策研究提供系统的分析工具。

（10）生态产业共生网络运营成本。袁增伟、毕军（2006）从构成生态产业共生网络的微观要素——企业环境责任入手，开发了基于企业环境责任市场化机制的生态产业共生网络运营成本模型，并对模型假设做了改进研究。模型研究结果表明，环境责任代理企业的环境责任履行成本是影响生态产业共生网络运营总成本大小的关键要素，而环境责任委托企业和中间物流企业的各种参数对生态产业共生网络运行总费用的影响相对较小。基于这种认识，最后又探讨了影响代理企业运营成本的主要因子，并对费用优化模型做了应用研究。

唐晓华、王广凤、马小平（2007）认为，生态工业是一种旨在促进资源、环境和经济协调的发展模式，此模式得以顺利运行的关键因素是生态产业链的形成与稳定性。他们认为上下游企业间合作是生态产业链形成的微观基础和保障，与以经济利益为目标的“经济人”相比，生态效益目标的追求更有利于上下游企业间在废物利用中的合作。通过上下游企业间的动态非对称信息讨价还价模型的构建和分析，对这一命题进行了理论证明，并以大连开发区生态产业链为例进行实证分析，以期为促进循环经济的顺利实施提供一个有效的发展思路。

李广明、黄有光（2010）基于自然资源与环境经济学的分析表明，区域产业生态网络带来的效益主要是指从排放的废弃物中回收的有价组分的市场价值、减少开采而保存节省的自然资源的市场价值、稀缺租金（或市价以外的机会成本）和减少废弃物排放而获得保护的环境价值，以及节省的土地和其他成本等。对参与企业来说可以获得政府优惠政策（如在税收方面）或补贴、金融支持等收益。产生的主要成本则体现在废弃物的堆放、仓储和交通运输成本，废弃物的收集、分拣和加工成本，废弃物加工产生的二次污染成本，参与企业之间的交易成本，以及产业生态网络的设备投资折旧与运营维护成本等。区域较大时，总边际效益将随着产业生态网络的区域半径的增大而减少，总边际成本则呈现递增的走势。产业生态网络的可行性主要体现在上述总成本与总效益的均衡，影响成本效益的因素都将反映其中。影响最优区域产业生态网络的区域半径的主要因素是能源价格、道路运输条件、废弃物毒性、环境损害特征常数以及所收集的废弃物数量或运载量，而企业之间的诚信合作关系构建的难度、信息透明度、交易成本、政策法规和市场机制的完善程度等对其也有影响。

（11）产业生态网络的宏观和微观系统动力学模型。李守伟和钱省三（2006）从复杂网络的角度提出了产业网络三个层次的复杂性水平：要素、联系和系统动力学。通过对三个层次复杂性水平的分析得到，企业在产业网络中的地位是不同的，而且产业网络是一个具有无标度特性的复杂网络。另外，还给出了产业网络的宏观和微观系统动力学模型，同时应用中国半导体产业网络对复杂性进行了实证。最后得出结论：成员之间联系的本质和动态特性是产业网络复杂性的关键因素。

（12）产业生态网络的实际应用。张楠楠等（2008）在探讨企业发展循环经济模式的基础上，提出企业构建工业共生模式是发展循环经济的有效途径；根据铅锌冶炼行业发展现状，指出铅锌冶炼行业构建工业共生模式的必要性，并以某企业为例进行了案例分析，剖析了工业共生模式的共生关系，产业链关系及经济、环境效益。结果表明，构建工业共生模式，可以提高企业的资源利用效率，减少污染物排放，降低企业生产成本，获得经济效益和环境效益的统一；同时也应注意工业共生关系构建中新的环境污染。张芸等（2008）基于生态工业技术构建了“以废治废”生态产业链。该产业链的特点是：产业链一端输入的是园区的废物，另一端输出的产品用来处理园区（或区域）排放的污染物，具有提高废品资源化率和减少污染物排放的双重作用。利用循环经济和生态学原理，构建了包含小循环、中循环、大循环以及“以废治废”产业链的钢铁工业园区生态产业复合共生网络，并对“以废治废”产业链引入前后效果进行了评价，结果表明：“以废治废”生态产业链可以有效提高钢铁工业园区的生态效率。袁飚、陈雪梅（2009）认为，西江流域是南中国一条重要的内河流域，具有自然资源丰富、生态环境优美、产业基础扎实以及经济互补性强的天然优势，是发展流域经济的绝佳地段。然而，迄今为止西江流域尚未形成规划统一、优势互补、资源共享的产业经济带，流域沿线的省份和城市经济发展不平衡、后劲不足的问题日益凸显，共筑西江产业带日渐引起学术界和官方的重视。他们以产业生态网络基本理论为基础，结合西江流域上、中、下游的资源禀赋、产业集群特征，探究集群之间的网络共生关系，尝试构建西江流域产业生态网络模式并提出其实现机制。

由上述分析可见，关于产业生态网络成本、效益、覆盖范围和合理规模的研究很有限，现有部分文献结合各国各地区的具体实践，讨论了区域产业生态网络的可能性、物质—能量—信息流特征、园内企业之间的决策联系和信任关系的建立、信息系统和沟通技术的作用、与传统生态产业园的异同等，对影响成败的因素进行分析和总结，但总体来看，研究层次比较肤浅，未发现专门针对区域产业生态网络的经济分析或成本效益模型的研究，更没有该领域的系统理论和产业网络构建方法等的系统研究成果，本书将从经济学的视角对相关理论和方法问题进行深入分析研究，寻求建立系统的产业生态网络体系的理论和方法，并为实践服务。

2 环境与自然资源经济价值评估的方法学基础[①]

对区域产业生态网络进行经济分析，必然涉及环境经济价值的定量测算问题。国内外关于该领域的研究仍然处在发展和完善之中，有些学者（穆勒，1992；弗里曼，2002）的研究比较深入，具有相当的理论深度。尽管尚无比较准确、成熟和普适的测度方法，但是确实已经形成了比较系统的分析方法、模型和工具，可以初步应用于环境经济价值的粗略评价。

根据环境经济学理论，环境总经济价值包括使用价值和非使用价值。使用价值是指资源环境被使用时满足使用者需要的功能，可以分为直接使用价值、间接使用价值和选择价值。其中，直接使用价值接触环境资源，如对食品的餐饮消费；间接使用价值不接触环境资源，如欣赏景物，它还包括自然系统对经济活动的支持；选择价值是消费者为避免未来资源短缺风险而保护未使用资源的支付意愿，保护资源为未来提供选择自由的价值。非使用价值是环境资源的内在价值，包括其存在价值、馈赠价值，但与人类的使用无关。其中，存在价值是没有价值使用意图的情况下人类赋予自然的价值；馈赠价值则可能包含未来使用的意图。除了经济价值外，还有非人类价值，是物种自身具有独立于人类的价值，来自物种自身的生存权利。

环境总经济价值（*TEV*）=使用价值（*UV*）+非使用价值（*NUV*）

环境总经济价值（*TEV*）=直接使用价值（*DUV*）+间接使用价值（*IUV*）+选择价值（*OV*）+存在价值（*EV*）+馈赠价值（*BV*）

环境总体价值（*TV*）=环境总体经济价值（*TEV*）+非人类价值（*NHV*）

---

① 本章内容参考了以下著作：张帆，李东．环境与自然资源经济学（第二版）．上海：上海人民出版社，2007；王金南．环境经济学理论、方法、政策．北京：清华大学出版社，1994；［美］迈里克·弗里曼（A. Myrick Freeman Ⅲ）．资源与环境价值评估——理论与方法．曾贤刚译．北京：中国人民大学出版社，2002。

2.1 环境价值计量方法概论

环境价值评价是指对环境的状况、质量和环境所提供服务的经济价值进行定量测度。由于环境服务的准公共物品特征，不存在市场或市场不完全，没有现存的市场价格作为评价的根据。环境经济学提供的评价方法可以分为客观评价法和主观评价法。

客观评价法是指直接根据环境变化所造成的物质影响进行经济评价，通过生产率变化、防护成本、机会成本或置换成本等，找出环境变化的货币价值。还可使用“损害函数”来表示损害活动对自然资源、人造资产或人类健康的损害程度。损害函数是一种技术关系，建立这种关系的数据是自然科学家通过调查或实验得到的。有些生态系统或自然资源的损害函数非常复杂，但一旦建立，就可以在一定程度上借鉴或应用到相似的评价中去。

主观评价法是根据人们的意见或根据对人们行为的观察，对可能的环境损害进行间接估算的方法。有时直接询问人们对环境状况的评价，有时通过观察人们对污染和其他商品的选择来估算可能的环境损害程度。从主观评价法的原理可以看出，环境经济价值与人们的主观感受有密切关系，即与经济发展水平、生活水平、价值观或效用函数等有直接关系。

2.2 环境价值衡量的理论基础

环境质量的变动给个人或社会福利带来影响，衡量环境质量变化引起的社会福利的变化量是环境价值评价的根本出发点。环境质量的变化对社会福利的影响通常有四条渠道：市场上购买的商品价格的变动，生产要素价格的变动，无市场物品的数量和质量的变动以及风险的变动。其中，价格的变动对社会福利的影响是定量分析的基础。

根据消费者选择理论，可以推导出两个需求函数，即普通需求函数（式2－1）和希克斯补偿需求函数（式2－2）：

$$q_i(P,M) = -\frac{\frac{\partial v}{\partial p_i}}{\frac{\partial v}{\partial M}} \tag{2-1}$$

$$\frac{\partial e}{\partial p_i} = h_i(P,U^0) \tag{2-2}$$

式2-1是价格P和收入M的函数，式2-2是价格P和给定效用水平U^0的函数。式中，q_i是消费者i的需求函数，e是消费者的支出函数。

在只有两种物品的最简单的情况下，分析因为环境损害或改善，其中一种物品的价格变动对福利的影响。经济学理论最少有五种方法计算福利变化。

第一种是用消费者剩余的变化来计算福利的变化。普通消费者剩余是马歇尔普通需求曲线以下和水平的价格线以上的面积。普通需求曲线表示收入和其他商品价格不变的情况下某一商品的价格和数量之间的关系，包含了价格变动所产生的替代效应和收入效应。

经济学家更加愿意用消费者的效用函数来直接定义福利的变化，其他四种计算福利变化的方法都可以用消费者的效用函数来表示。

如图2-1所示，U^0和U^1是某个消费者的两条无差异曲线，假设环境污染使得生产X_1的成本上升，从而使得其价格由P_1上升到P_2。作为对价格上升的反应，个人的消费组合由U^0上的A变为U^1上的B。把X_2作为计价物，即把X_2的价格假定为1，X_2的数量可以用来代表收入。那么，其他四种不同的福利计算方法可以表示为：

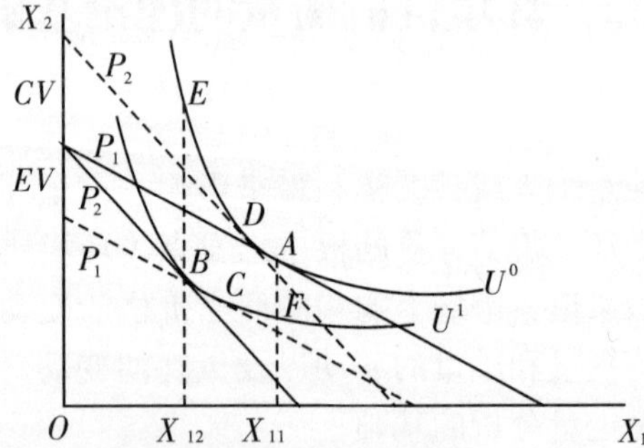

图2-1 福利变化的四种测量方法（弗里曼，2002）

补偿变差（CV）。当价格上升时（环境污染导致成本上升），CV表示为使消费者福利不变而必须补偿的价值；当价格下降时（环境改善导致成本下降），

CV 表示的是消费者为了使得价格下降和福利改善所愿意支付的最大价值。

等价变差（EV）。初始价格不变，如果收入减少 EV，消费者在 C 点达到 U^1，EV 在原价格下，等同于价格从 P_1 到 P_2 的收入变动。当价格上升（环境污染）时，EV 是消费者为了避免价格变动所愿意支付的最高数额；当价格下降（环境质量变好）时，EV 是消费者自愿放弃环境质量变好而必须补偿的价值。

CV 和 EV 的不同点在于，EV 的变动是在原价格下，而 CV 的变动是在新价格下。两者的共同点是，EV 和 CV 都允许消费者调整两种商品的消费量以应付价格和收入的变化。如果消费者对商品组合的选择有限制，那就用另外两种计量福利变化的方法，补偿剩余（CS）和等价剩余（ES）。

补偿剩余（CS）。当价格变化时，在购买 X_{11} 数量的限制条件下，需要给消费者补偿（BE），即两条无差异曲线之间在 X_{12} 处的距离，才能使其社会福利没有变化，即从 U^1 回到 U^0。

等价剩余（ES）。在价格不变和购买 X_{11} 数量的限制条件下，需要收入变化（AF），即两条无差异曲线之间在 X_{11} 处的距离，才能使得消费者在新价格和新的购买组合 B 下福利相同，即从 U^1 回到 U^0。

在环境变化对价格发生影响时，价格的上升或下降可以理解为环境的变坏或变好。如果商业活动使得环境变坏，环境成本增加，环境规制内化环境成本变为企业内部成本，则商品价格上升。反之，如果商业活动使得环境变好，环境成本下降，环境规制内化为企业成本后，则商品价格下降。

CV 和 EV 经常用来计量支付意愿（WTP）和接受补偿意愿（WTA）。当价格下降时，CV 是为获得新的较低价格下的购物权的最大支付意愿，这一支付等于价格降低的好处，它使得新价格下个人福利不变。当价格上升时，CV 表示为防止福利变化，个人愿意接受的补偿。类似地，EV 表示为放弃一个计划的价格下降，个人愿意接受的补偿，或者表示为防止计划的价格上涨，个人愿意支付的价格（见表 2－1）。

表 2－1 环境变化对福利的影响

变化有没有发生	用来比较的效用水平	环境变化			
		破坏（价格上升）		改善（价格下降）	
有	$U^0(CV)$	WTA 因发生的破坏而接受补偿的意愿	$U^0(M+CV)$	WTP 为获得的改善而支付的意愿	$U^0(M-CV)$
没有	$U^1(EV)$	WTP 为防止破坏而支付的意愿	$U^1(M-EV)$	WTA 因放弃改善而接受补偿的意愿	$U^1(M+EV)$

2.3 间接客观评价法

将污染导致的环境损害作为因变量，将污染水平或引起污染的诸因素作为自变量，通过模拟实验或现实中发生的事件找到数据，进行实验或统计数据的分析，在自变量和因变量之间建立损害函数或剂量--反应函数（曲线）关系，作为环境价值评估的重要手段。例如，损害函数把人们接触到的污染水平与污染对健康的影响联系起来，是一种技术性的关系，发达国家对这一类的关系有比较多的研究，可以借鉴。这种估算方法以可观测的市场价格估值为基础，只要环境资源存在参考物，找到参考物的市场价值就可以对环境资源的价值进行估算。

2.3.1 生产率变动法

把环境质量作为一个生产要素，环境质量的变化导致生产率和生产成本的变化，从而导致产品价格和产量的变化。产量的变化和生产率的变动是比较容易测度的，并可以实现货币化，这样就可以间接地测度环境质量的变化所对应的经济价值，即环境的经济价值。

$$EV = \sum_{i=1}^{n} \Delta Q_i P_i \tag{2-3}$$

例如，工业污水的排放可能导致农作物产量或渔业产出的减少，这些减少是可以测量的。如果能够排查其他因素对产出的影响，也可以区分工业污水带来的其他方面的影响。将这些产出变化进行加和，排除价格变化的因素，就可以间接地看成是环境质量的损坏所对应的经济价值。

2.3.2 疾病成本法或人力资本法

环境质量的变化可能影响人类的健康，由于人体有一定的免疫力和自我恢复能力，微小的环境变化带来的影响可能并不会引起人体的疾病，但环境质量变化达到一定程度就会引起人体的病变，带来过早的死亡、医疗费的开支、因病无法工作造成的收入损失、精神或心理上的痛苦等。如果能够对这些因为疾病带来的损失进行测度，就可以看成是环境损害的经济价值的近似估算，这就是环境价值估算的疾病成本法。之所以说它是近似估算，是因为环境破坏除了导致人类的疾病以外，还可能带来其他物种的疾病或损失，或者是景观、舒适性等的损害。这里涉及人生价值或精神损失的估算，可以近似用人生有效劳动时间内创造的劳动价值加以测度。一个人的劳动价值是在考虑年龄、性别、教育程度等因素的前提下，正常情况下可以创造的未来收入的贴现计算成的现值。

一个人正常情况下可以活到 t 年、由于污染 T 年过早死亡的人所损失的劳动力价值为：

$$L_T = \sum_{t=T}^{\infty} Y_t P_T^t (1 + r)^{-(t-T)} \quad (2-4)$$

式中，Y_t 为预期个人在第 t 年内所得到的总收入扣除他拥有的非人力资本的收入；$P_T{}^t$ 为个人在第 T 年活到第 t 年的概率，r 为预计到第 t 年有效的社会贴现率。这里假设活着就有能力和机会工作，否则，还要分别加上活着有能力或有机会工作的概率。

人力资本法是在疾病成本法基础上的延伸。从人力资本的角度来看，环境损害导致人体疾病实质上是人力资本存量的折耗或损耗。按照经济学的内生增长理论模型（Blanchard Olivier，2004），人力资本的折耗或减少，所带来的经济损失要远比人力资本折耗本身大得多。如果将人力资本折耗测算出来，再按照经济增长模型推算经济损失，这些损失就可以近似看成是环境损失的经济价值。

2.3.3 机会成本法

环境或自然资源的使用成本可以用所牺牲掉的替代用途的收入来估算，即机会成本。不是直接计算环境损坏的经济价值或使用成本，而是测度为了保护环境不开发或不被破坏而放弃的最大效益。如果不能用旅行成本法、意愿调查法来直接计算保护环境或资源的效益，则可以考虑采用机会成本法。

环境或自然资源的选择性应用往往是不可逆的，保护与开发也常常是矛盾的或者排斥的，必须选择其中之一。开发工程可能使得一个地区发生巨大变化，以致破坏了原有的自然环境系统，并使得原有的自然系统不能恢复。

因此，开发工程机会成本是在未来一段不定的时期内保护原有自然系统而得到的净效益的现值。反之，保护自然系统的机会成本是失去的开发工程的效益的现值。开发的净现值是：

$$NPV = D - C - P \tag{2-5}$$

式中，NPV 是开发的净现值，D、C、P 分别是开发的总收益的现值、开发总成本的现值和保护环境或自然资源不开发的收益现值即环境价值。

例如，美国的地狱谷建设用于水力发电的水坝的研究，峡谷的自然价值的估算就是用传统的成本效益分析对建议开发的水利工程项目和费用最少的替代项目核电站进行了比较分析，用该水力发电项目的费用与核电站的费用之差作为保护地狱谷自然环境的机会成本，即地狱谷的环境价值：

NPV = 水电总收益 - 水电总费用

= 核电总收益 - 核电总费用 + 地狱谷环境价值

水电总收益 = 核电总收益

则　地狱谷环境价值 = 水电总费用 - 核电总费用

2.3.4 预防性支出法

人们为了避免环境危害而做出的预防性支出可以用来近似衡量环境危害的成本。显然，这个预防性支持带有主观因素，不同的人类群体由于生活水平、文化和风俗差异、价值观不同等，有可能采用不同的预防性支出。另外，对环境危害的认识水平也会影响估算的结果，有些环境危害有时滞性，有些不容易被人观测到。如果反应群体认识片面，采取的预防性支出就偏小，估算的环境价值量也就偏小。此外，政府环境规制的严厉程度也影响环境的破坏程度，规制严厉，则厂商的产出水平降低，收益减少；反之，则收益增加。可以把这部分支出看成是政府对环境的预防性支出，严格来讲也要包含到环境价值评估值中。例如，工业化的污染物排放带来水源污染，市民不得不购买矿泉水作为饮用水，或者使用额外的净水器，而不是直接饮用自来水。购买矿泉水或净水器这些额外的成本可以用于估计人们对水源污染的环境经济价值损失的主观评价。

2.3.5 重置费用法和重新选址成本法

由于环境危害而损坏的生产性物质资产的重新购置费用，也可以粗略地用于估算环境损害的价值。更准确地说，重置被损坏的环境资源成本可以用于估算环境资源的价值。用重置费用法来估算环境污染责任人的赔偿金额，在现实中是一种可行的方法，在一些国家的环境法规中已得到了应用。但是，如果重置带来二次污染或其他连带责任，抑或重置成本大于生产物质资源损失的价值，这种方法的应用就受到限制。例如，韩国曾重置由于水土流失而受到损害的高原地区的土壤，把重置失去的土壤和营养的成本当作水土保持的收益，即水土流失的环境经济价值。

重新选址成本法是指由于环境质量的变化而重新安置某一物质设备的地理位置的实际成本，用于估算环境的价值。例如，饮用水上游由于工业化污染使得下游的自来水厂取水口或整个自来水厂需要搬迁到上游，迁移成本即该污染带来的环境损害的经济价值。

2.3.6 影子工程法

这是重置成本法或恢复费用法的特殊形式，是指某一环境被污染或破坏后，仍需建造一个新工程来代替原来的环境物品的功能，然后用建造该新工程的费用来估计环境污染（或破坏）造成的经济损失的一种方法。例如，为了评价地下水污染的经济损失，把新建水源的费用作为地下水污染造成的经济损失。

又如，森林资源破坏的经济损失或环境价值（EV），是森林涵蓄水分功能的损失、固土功能的损失、森林生产能力之和。森林涵蓄水分功能的损失，4 000 ~6 000 立方米/公顷；具有储水功能的水库投资，0.3 元/立方米库容；固土功能的损失，3 000 ~ 5 780 吨/公顷；拦沙坝投资，0.4 元/吨；森林生产能力，84 立方米/公顷，2 000 元/立方米。则

$$\begin{aligned} EV &= 6\,000 \times 0.3 + 5\,780 \times 0.4 + 84 \times 2\,000 \\ &= 172\,112 \text{ 元/公顷} \end{aligned}$$

2.4 直接主观评价法

当所研究的环境或自然资源价值本身没有市场价格来直接衡量时，可以寻找替代物的市场价格来测度，此即替代市场法。如果连替代物市场都很难找到，只能人为地创造假想的市场来衡量环境质量及其变动的价值，即假想市场法或市场创建法，就是直接询问人们对环境价值的评价。假想市场法可以对任何一项环境或资源的价值进行估算。然而，这些方法的主观性是明显的，个人的文化风俗、生活水准、价值观乃至询问时那一瞬间的情绪都会影响评价的结果。

2.4.1 旅行费用法

旅行费用法用旅行费用作为替代物来衡量旅游景点或其他娱乐设施的价值。通常旅游景点是免费的或者门票价格很低，游客从旅游中获得的效用往往大于门票的价格，为了估算游客的支付意愿即需求函数，可以用旅行费用作为替代物来估算景点的价值。旅行费用通常可以使用调查问卷的方式收集数据，使用计量经济学模型估算需求函数，然后计算消费者剩余衡量旅游景点的价值。各国或地区的旅游管理部门通常每年都会定期在代表性景点发放调查问卷，询问游客的消费行为，再对数据进行处理，有一套标准化的方法、程序和步骤，为这一类景点的价值评估提供了一定的数据基础。为了说明该方法的基本思路，下面以单一景点为例。

假设旅游者光顾的旅游景点是单一的，旅行的目的是单一的，旅游者在旅游点进行单一的活动。即到这个单一景点旅游的旅游者没有其他任何活动如商务活动，路上也不去任何其他景点。

单一景点旅行费用模型可以将游客对单一景点的需求和旅行费用联系起来：

$$Q_i = F(P_i, Z_i) \tag{2-6}$$

式中，Q_i是旅行者的旅行次数，P_i为从出发点到景点的旅行费用，Z_i为人口的一组社会经济特性，数据为横截面资料，即第 i 个旅行者的资料，$i=1$，

2，…，m。

需求曲线 F 以下的面积为消费者 i 的支付意愿，即其对该景点的价值评价：

$$W_i = \int_{P_0}^{\infty} F(P_i, Z_i) \mathrm{d}P_i \tag{2-7}$$

式中，P_0代表到该单一景点的最近的旅行距离或旅行费用。

因为有 m 个旅行者参观该单一景点，需要将 m 个旅行者的支付意愿加和，即是该单一景点的价值：

$$W = \sum_{i=1}^{m} W_i \tag{2-8}$$

对单一景点的现实评价中存在一些具体的问题需要解决，通常会采用分区旅行费用法或个人旅行费用法。前者为了减少计算工作量，将 m 个旅行者分为几个区，计算每个分区的旅行者的平均需求曲线，求每个分区的需求曲线和消费者剩余，再加和即是该单一景点的价值。或者是通过调查问卷的数据处理，得出旅行者的平均需求曲线和平均消费者剩余，再将平均消费者剩余乘以旅行者总人数，即是该单一景点的价值。

多景点价值则采用多景点旅行费用模型进行评估，其基本思路是存在 n 个景点、n 个旅行次数和 n 个旅行费用，可以用上述方法建立 n 个需求函数。如果一个景点被取消，就是单一景点的价值评估；如果两个景点被取消，就需要计算两个景点的消费者剩余和支付意愿。计算难点是需要考虑旅行者的消费行为和景点之间的竞争性与替代性。

2.4.2　内涵资产定价法

消费者对某一物件的满意程度通常取决于其带来的效用，而效用取决于该物件的特性。例如，房地产可以看作拥有很多特性的商品，单元的数量和大小、地理位置、交通出入条件、建设质量、周边临近的社会状况、周边景观与生态、水质、空气质量等，都可以看成是房地产的特性，直接影响房地产价格。内涵资产定价法不直接估算消费者的支付意愿，而是估算产品特性变动的隐含价格，这是特性变动的边际支付意愿，即特性（如环境质量）的价值。

房地产价格可以看成是一系列特性的函数：

$$P_h = f(h_1, h_2, \cdots, h_k) \tag{2-9}$$

假设函数是线性的，则

$$P_k = \alpha_0 + \alpha_1 h_1 + \alpha_2 h_2 + \cdots + \alpha_k h_k \tag{2-10}$$

资产价格对环境特性变量求偏导数，可以求得环境特性变量的边际隐含价格。它表示其他特性不变的情况下，环境质量变化一个单位，房地产价格变化多少，即对环境质量变化的支付意愿，或环境质量的经济价值：

$$\alpha_k = \frac{\partial P_h}{\partial h_k} \tag{2-11}$$

显然，在 P_h 和 h_k 坐标系内，这应该是一条向右下方倾斜的曲线，因为环境质量也具有边际效用递减的特性。

2.4.3 意愿调查法

在环境状态的变化连通过间接地观察市场行为都无法测度时，只能靠建立假想市场的办法来解决。意愿调查法是指直接询问一组调查对象对减少环境危害的不同选择所愿意支付的价格。此法不是基于可观察到的市场，而是基于调查对象的回答。直接询问调查对象的支付意愿，可以用于任何一种环境或自然资源的价值评价。这是方法学的最后防线，是该方法的优势所在，可以用于评价环境的非使用价值，例如野生动物保护的价值、生物多样性的价值、古迹保护的价值等；也可以用于公共物品甚至私人物品的估价。但这种方法受主观因素影响最大，评估结果的可信度不高，是其缺点所在。该方法可以分为两类。

第一类是直接询问支付或接受补偿的意愿。分为投标博弈法和比较博弈法。

投标博弈法，要求调查对象估价假想的情形，说出其对环境物品供应的若干不同水平的支付意愿或接受补偿的意愿。单次投标博弈法要求被调查者说出为防止环境质量变坏的最大支付意愿或让环境质量变坏而愿意接受的最小补偿，得到的数据信息用于建立总的支付意愿或补偿意愿函数。重复投标博弈法要求被调查者说出是否愿意支付一定的数额以防止环境质量变化，或让环境质量变化而接受一定数额的补偿，调查者不断改变这一数额，直至得到最大支付意愿或最小补偿意愿。

比较博弈法中，被调查者在不同的物品组合之间进行选择，通常给出的是一定数额的货币和一定水平的环境商品的不同组合，组合中的货币潜在地表示环境商品的价格。调查者首先给出一组环境状态和货币价格的初始值，然后改变货币数额，给出不同的替代，直到被调查者找不到更好的替代为止，从而估算出其对环境商品的支付意愿。

第二类是询问选择的商品或劳务的数量，再从数量推断出支付意愿。分为无费用选择法和优先选择法。

无费用选择法给出两个以上的选择，每一个都不必付钱，通过直接询问被调查者在不同的无费用物品之间的选择来评估环境物品的价值。被调查者如果拒绝熟悉的物品而选择环境物品，就可以建立起环境物品的价值范围。这个方法的特点是做出选择时被调查者不需要支付任何费用就可以得到选择的物品，没有任何损失，从而估算环境物品的最小价值，避免投标博弈法中的某些偏差。

优先选择法直接以完全竞争状态下消费者效用最大化原理为基础，被调查者对一组物品进行选择，其中包含一种环境物品，调查者按一定规则调整这些物品的价值和消费量，使得价值收敛到使消费者效用最大化的一组均衡价值，从而估算环境物品的价值。

在多种物品的情况下，当所有商品每一元的支付的边际效用都相等时，总效用最大：

$$\frac{MU_1}{p_1} = \frac{MU_2}{p_2} = \cdots = \frac{MU_n}{p_n} \tag{2-12}$$

2.4.4 劳动工资法

类似内涵资产定价法，劳动工资法是指利用环境质量不同条件下工人工资的差异来估价环境质量变化造成的经济损失或带来的经济效益。工人的工资或年收入可表示为：

$$W = F(v, q_1, q_2) \tag{2-13}$$

式中，v 是工人的资格背景，q_1 是工作地区周边环境质量的相关变量，q_2 是与所从事职业的健康风险有关的工作安全变量。显然，W 对 q_1 偏微分就是环境质量变化的隐含价格。

3 基于人力资本法的环境经济价值计量

——基于人力资本损耗的环境污染经济损失计量模型

环境污染影响人力资本积累，导致人力资本损耗，而在新经济增长理论中，人力资本被认为是经济增长的主要引擎和动力。基于人力资本损耗建立带有环境污染影响的人力资本存量计量模型，应用卢卡斯人力资本外部性内生生产函数，沿着环境污染—人力资本损耗—经济增长的路径，比较存在环境污染和不存在环境污染下的经济产出，可以间接衡量环境污染的经济损失，从而建立基于人力资本损耗的环境污染经济计量模型。由于本评估方法考虑了直接和间接的价值损失，对于环境经济价值评估方法学来说，本方法具有典型意义，因此专设一章论述。

20 世纪 50 年代以来，现代人力资本理论得到快速发展，对人力资本与经济增长关系的研究得到国内外众多学者的广泛关注，同时也形成了运用人力资本理论解决环境污染损失经济价值评价等重要问题的方法——人力资本法。作为一种评估计量方法，人力资本法较早应用于环境污染对健康损害的经济损失计量上。应用人力资本法计量环境污染损失，主要是通过计算由于环境质量的变化对人类健康特别是劳动力数量和质量的影响来计量环境污染带来的经济损失，将环境污染对人体的损害进行货币化转换，通过综合治疗成本、工资损失和生命损失来估计患病和提早死亡的成本，从而用这些成本来估计环境污染经济损失。本章将运用这种人力资本法计量环境污染损失的方法称为传统人力资本法，如果将人均 GDP、产值或净产值、货币工资等包含在人力资本的损失中，修正人力资本计量指标，则称为修正的人力资本模型。

3.1 国内外应用人力资本法估算环境污染损失的研究

从环境污染对人体健康损害的角度，利用人力资本法计量环境污染损失，众多国内外专家学者对其从理论和实证角度进行了研究，这些研究包括传统人力资本法的理论与应用和对传统人力资本法的修正。

Ridker（1967）最早将人力资本法应用于衡量环境污染损失，将环境污染对健康影响的损失计算为过早死亡的费用、治疗费用、缺勤造成的损失之和（张帆，2007）。Grossman（1972）提出健康生产函数的一些变量，建立了最初的健康—环境关系模型，它考虑了对健康资本的投资，其所产生的收益将以今后一段时期疾病减少的形式表现出来。Cropper（1981）在健康生产函数中加入一个污染变量，将健康状况贬值的速率看作是污染的一个函数，而且假设疾病并非效用函数的直接变量，把人体健康与环境污染结合起来，认为人体健康受到环境污染的影响。1982 年美国疾病控制中心首次将潜在寿命损失年（YPLL）和伤残调整生命年（DALY）指标应用于衡量人群疾病负担和分病因的疾病负担，潜在寿命损失年和伤残调整生命年的应用为衡量环境污染损失提供了新的思路，应用潜在寿命损失年和伤残调整生命年衡量环境污染损失的方法被称为生命价值法，即人力资本法的变种，它避开了人力资本法通过计算生命价值衡量环境污染损失引起的伦理问题（国际环境经济核算经验报告，2006）。Dubourg（1996）采用剂量反应法估算了英格兰和威尔士汽车尾气排放的铅造成的污染损失，结果证明，尽管铅污染一般不会造成过早死亡，但仍造成显著的经济损失。Euston Quah（2003）采用损害函数、剂量效应法估算了新加坡的大气颗粒污染物造成的健康损失，得出 1999 年损失为 36.62 亿美元，为当年新加坡 GDP 的 4.31% 等。

过孝民、张慧勤（1990）修正人力资本法，对大气污染、水污染对人体健康的损失进行了衡量，认为环境污染的健康损失包括人力资本损失、误工费用、陪护费用等的加总，这里人力资本指标选用人均国民收入来表示；韩光、赵毅红（1995）运用人力资本法分别计算了水污染和大气污染的健康损失，在计算中分别以 1992 年农民平均净产值和 1992 年职工平均货币工资代表人力资本，在此基础上加上误工费、医疗费等表示环境污染对健康的经济损失；孙炳炎（1998）针对研究环境污染损失计量中修正人力资本指标的选取不一致的问题进行了讨论，认为修正的人力资本未被利用带来的损失属于间接损失范畴，应当包括净产值损失和劳动力占用的生产资料闲置损失两部分，因此，修正的人力资本采用人均国民生产总值较为合适；郑易生、阎林（1999）用人力资本法计算环境污染的经济损失，分别算出沈阳的年大气污染损失为 2.3 亿元，南方水网地区水污染对人体健康造成的损失为 51.0 亿元，北方农村地区水污染造成的健康损失为 30.5 亿元；刘光栋、吴文良、靳乐山等（2004）应用人力资本法评估了华北典型高产粮区地下水资源中硝酸盐污染的价值损失，首先建立硝酸盐污染的浓度与健康损害的剂量—反应关系，分病因来预测地下水污染超标区增加的死亡人口数量，按照潜在寿命损失年（YPLL）的计算方法，构造了人力资本损失总量估算函数，将健康损失表示为生病误工损失和过早死亡损失之和；韩明霞、过孝民等（2006）从人均 GDP 的角度提出了修正人力资本法，将人均 GDP 视为一个统计生命年对社会的贡献，从全社会角度来考察人力资本，环境污染引起人群过早死亡损失期望寿命而导致的人力资本损失就是人力资本在期望寿命年内对 GDP 的贡献，损失一个统计生命年对社会而言就相当于损失了一个人均 GDP，人均损失寿命年内的人均 GDP 的贴现值即为过早死亡的人力资本损失；Yew - Kwang Ng（1991）研究认为这可能低估了人力资本或生命价值；胥卫平、赵晓华（2007）认为用人力资本法计量环境污染损失时，一个人的生命价值等于他所创造的价值，即一个人的收入扣除其消费，当其产出大于消耗时他的死亡对社会是有益的，这存在伦理道德等问题，他们以人均净产值表示人力资本，认为环境污染引起的健康损失为损失劳动日所创造的净产值和医疗费用的合计，并以此估算了西安市 1996—2003 年大气 TSP 污染年经济损失，结果表明经济损失占 GDP 的比重从 2.24% 到 4.87% 不等。

3.2 对传统人力资本法和修正人力资本法的评价及改进

人力资本是通过教育、培训、保健、迁移、干中学等途径获得的凝结在劳动者身上的知识、技能、健康的总和。从人力资本的定义出发，在计量环境污染损失方面，传统人力资本法和修正人力资本法都存在一些问题。

传统人力资本法计量的环境污染损失包括治疗成本和工资损失两个主要部分，它计量了环境污染的直接损失，忽略了人力资本作为一种无形资产的“资本”损失，这样严重低估了经济损失程度；传统人力资本法把每个人当作是一个资本单元，其大小按个人工资收入来计算，一个人的生命价值等于他所创造的价值，这是对人的生命进行了价值评估，涉及伦理方面的争论；传统人力资本法多用于估算环境污染对微观主体的损失，对环境污染社会损失的估量的适用性相对不足。修正人力资本法避免了伦理方面的问题，同时修正人力资本法解决了传统人力资本法对计量环境污染的社会损失相对不足的问题，更适用于衡量环境污染的社会损失，但是它以人均产值表示人力资本的做法并不符合对人力资本的界定和人力资本的资本属性等。

针对这些问题，在传统人力资本法和修正人力资本法的基础上，本书提出基于人力资本损耗的测算方法，真正从“资本”要素损失的角度探讨环境污染的经济损失问题，从人力资本损耗的角度建立环境污染损失估算模型，基于环境污染—人力资本损耗—经济增长的路径展开。

研究和实践表明，人力资本和环境污染之间存在相互影响的关系。环境污染对人体健康产生损害、缩短预期寿命、弱化人们学习的能力与效率等，对人力资本积累产生负面作用（Vellinga & Withagen，2001；Puatral，2008）；人力资本水平的提高有利于全社会环境保护意识的增强，可以有效减少环境污染的发生，同时高水平的人力资本能够吸引高质量的FDI，提高人力资本水平和加大人力资本投资力度是解决环境污染、资源诅咒、“污染避难所”等问题的重要途径（Costantini & Monni，2008；刘渝琳、温怀德，2007）。

继20世纪60年代W. Shultz在美国经济年会上首次系统阐述人力资本理论之后，Shultz和Gary S. Becker的较完整的人力资本理论认为，在经济增长中人力资本的作用大于物质资本的作用，人力资本的核心是提高人口质量，其中教育是人力资本投资的主要部分；20世纪80年代以Paul Romer和Robert Lucas等为代表的新经济增长理论将人力资本、知识等要素内化于经济增长模型中，并用严格的数理方法分析了人力资本在经济增长中的作用机制，Robert Lucas在《论经济发展的机制》一文中建立了专业化人力资本积累增长模式的新经济增长模型，认为人力资本与技术进步相结合的专业化人力资本是现代经济增长的动力和引擎，Paul Romer和Robert Lucas等人建立了以人力资本为内生变量的增长模型，认为人力资本增长率高的国家其经济增长率也高（董亚娟，2007）；世界银行对许多国家的经济增长差异进行分析发现，物质资本能解释不到30%的差异，Mankiw、Romer和Weil建立了由物质资本、人力资本、劳动和技术进步构成的经济增长模型，利用跨国数据研究发现人力资本可以解释经济增长中的40%以上的差异（董亚娟，2007）。专家学者对人力资本和经济增长关系的研究表明，人力资本是经济增长的重要引擎，人力资本水平决定了一国（地区）经济发展的速度和质量。

环境污染与人力资本的相互关系和人力资本对经济增长的贡献，为沿着环境污染—人力资本损耗—经济增长的路径建立模型提供了理论与实践基础，使得应用人力资本理论来解决环境污染问题和计量环境污染损失成为可能。

3.3 基于人力资本损耗的环境污染经济损失计量模型的建立

基于人力资本损耗的角度衡量环境污染的经济损失模型的建立，首先需要解决两个方面的问题：一是如何计量人力资本存量的问题，到目前为止还没有一种公认的准确衡量人力资本存量的方法；二是如何将环境污染指标同人力资本指标相结合，将环境变量引入人力资本存量计量模型，建立起环境污染和人力资本存量的数量关系，以此为基础衡量由于环境污染导致的人力资本存量的损耗。

对人力资本存量的衡量，较有代表性的三种计量方法是：未来收益法、教育存量法和会计成本法。未来收益法基于未来的净收益进行折现，以此体现人力资本的价值；教育存量法包括教育年限法和学历权重法两种，前者以受教育的时间来度量人力资本存量，后者对各级教育设定权重后来衡量人力资本存量；会计成本法是基于人力资本积累过程中人力资本投资的角度，将人力资本资产化，用人力资本累计投资来衡量人力资本存量。对三种估计方法进行比较后发现，在计量人力资本存量中，会计成本法更具有优势：人力资本投资是人力资本形成的途径（如教育、培训、保健等），其能较好地体现人力资本积累中投资的作用，其计量人力资本的思路与用永续盘存法估算物质资本存量的思路一致，有利于经济增长模型中物质资本和人力资本贡献的比较（孙景蔚，2005）。基于此，对会计成本法进行修正，可建立绿色会计成本法，用于一般意义上的人力资本存量估算，不考虑个体天赋的差别（就像在经济增长模型中不考虑物质资本形成后生产力不同一样）。

在会计成本法的基础上，孙景蔚（2005）认为劳动者日常消费支出中的教育和保健支出是为了弥补人力资本损耗而进行的“维护”和“补偿”支出，当期的人力资本存量受上期人力资本存量、当期人力资本投资和当期人力资本损耗的影响，由此他提出了基于损耗的人力资本估算方法：$LK_t = LK_{t-1} + LI_t - LO_t$，其中，$LK_t$、$LI_t$、$LO_t$ 分别表示第 t 期的人力资本存量、人力资本投资、人力资本损耗，LK_{t-1} 表示第 $t-1$ 期的人力资本存量。但该模型中只把劳动者日常消费、教育支出和日常保健支出当作人力资本损耗来处理，低估了人力资本损耗的程度，不过它提供了一种较客观的衡量人力资本存量的方法。基于孙景蔚（2005）人力资本损耗的思路，我们将环境污染导致的人力资本损耗引入人力资本存量的计量模型中。

如前文所述，人力资本形成的途径包括教育、培训、保健、迁移、干中学等，环境污染对人力资本积累的影响包括导致医疗费用增加、缺勤误工、缩短预期寿命以及通过影响健康状况进而影响劳动者工作和学习的效率等。为了简便起见，在对人力资本存量进行描述和环境污染对人力资本积累的影响中，本书只考虑教育、培训、医疗保健的作用。同时由于还没有实证证明健康状况对教育的影响（Pautrel，2008），本书只考虑环境污染对医疗费用增加、缩短预期寿命的影响（这可能导致对环境污染损失的低估）。

在孙景蔚（2005）模型的基础上，本书提出如下带有环境污染影响的人力资本存量估算模型：

$$H_t = H_{t-1} + HI_t - HED_t - HTD_t \tag{3-1}$$

其中，$$HED_t = \sum_{i=1}^{n}(C_{ti}S_{ti}R_i + \frac{H_{t-1}}{P_{t-1}}D_{ti}R'_i) \tag{3-2}$$

式3-1、式3-2中，H_t：第t期人力资本存量；H_{t-1}：第$t-1$期人力资本存量；HI_t：第t期人力资本投资，包括教育投资、健康投资、培训费用等；HED_t：环境污染导致的第t期人力资本损耗；HTD_t：其他非环境因素导致的人力资本损耗，如非环境因素引起的疾病、早亡等；C_{ti}：第t期第i种疾病的人均治疗费用；S_{ti}：第t期第i种疾病的患病人数；R_i：环境污染导致第i种疾病的病患数量的归因系数；D_{ti}：第t期第i种疾病导致的死亡人数；R'_i：环境污染导致患第i种疾病死亡的归因系数；P_{t-1}：第$t-1$期人口总量。

在式3-2中，$\sum_{i=1}^{n}(C_{ti}S_{ti}R_i)$表示环境污染导致疾病增加引致的人力资本损耗，这部分损耗通过影响当期的人力资本投资而影响人力资本存量；$\sum_{i=1}^{n}(\frac{H_{t-1}}{P_{t-1}}D_{ti}R'_i)$表示环境污染导致死亡增加引致人力资本损耗，这部分损失直接导致人力资本存量的降低。

在完全清洁生产和消费的条件下，不存在环境污染，则此时人力资本存量可表示为：

$$H'_t = H_{t-1} + HI_t - HTD_t \tag{3-3}$$

在综合考虑人力资本内部效应和外部效应的基础上，卢卡斯（1988）提出人力资本内生化的经济增长模型，假设工人是同质的，即每个工人的技术水平都是相同的，将物质生产部门的生产函数表示为：

$$Y_t = AK_t^{\alpha}(\mu_t h_t N_t)^{1-\alpha} h_t^{\beta} \tag{3-4}$$

式中，h_t 表示第 t 期的人力资本水平，用工人技术水平表示，则 h_t^{β} 表示人力资本外部效应，$h_t^{1-\alpha}$ 表示人力资本内部效应，技术水平 A 被设为常数，K_t 表示第 t 期的物质资本存量，N_t 表示第 t 期的工人数量，μ_t 表示第 t 期人力资本投入生产的时间比例。如果以 H_t 表示第 t 期的有效劳动，有效劳动可表示为 $H_t=\mu_t h_t N_t$，那么生产函数可简化为：

$$Y_t = AK_t^{\alpha} H_t^{1-\alpha} h_t^{\beta} \tag{3-5}$$

考虑到模型与变量的适用性，对卢卡斯模型进行改进，将人力资本存量界定为基于人力资本投资角度的会计成本法估算的人力资本存量 H_t，人力资本水平 h_t 界定为人均人力资本存量，则有 $h_t = H_t/P_t$，在此基础上的经济增长模型可以表示为：

$$Y_t = AK_t^{\alpha} L_t^{\beta} H_t^{\gamma} h_t^{\theta} \tag{3-6}$$

式中，Y_t：第 t 期经济产出；A：技术水平；K_t：第 t 期物质资本存量；L_t：第 t 期劳动力数量；H_t：第 t 期人力资本存量，用基于损耗的会计成本法估算结果表示；h_t：第 t 期人力资本水平，其中 h_t^{θ} 表示人力资本外溢效应；P_t：第 t 期人口总量；α、β、γ、θ 分别表示物质资本、劳动力、人力资本存量、人力资本水平的产出弹性，假设 α、β、γ、θ 值已经确定。

分别将式 3－1、式 3－3 代入式 3－6，得到环境污染下的第 t 期经济产出 Y_t 和完全清洁生产下的第 t 期经济产出 Y_t'：

$$Y_t = AK_t^{\alpha} L_t^{\beta}(H_{t-1} + HI_t - HED_t - HTD_t)_t^{\gamma} h_t^{\theta} \tag{3-7}$$

$$Y'_t = AK_t^{\alpha} L_t^{\beta}(H_{t-1} + HI_t - HTD_t)_t^{\gamma} h_t^{\theta} \tag{3-8}$$

显然 Y_t' 大于 Y_t，则式 3－8 减式 3－7 即为由于人力资本损耗导致的经济损失 LO_t，即

$$LO_t = AK_t^{\alpha} L_t^{\beta} h_t^{\theta}[(H_{t-1} + HI_t - HTD_t)^{\gamma} - (H_{t-1} + HI_t - HTD_t - HED_t)^{\gamma}] \tag{3-9}$$

也即

$$LO_t = AK_t^{\alpha}L_t^{\beta}h_t^{\theta}\Big\{(H_{t-1} + HI_t - HTD_t)^{\gamma} - [H_{t-1} + HI_t - HTD_t - \sum_{i=1}^{n}(C_{ti}S_{ti}R_i + \frac{H_{t-1}}{P_{t-1}}D_{ti}R'_i)]^{\gamma}\Big\} \tag{3-10}$$

LO_t 即环境污染导致人力资本损耗，进而影响经济增长而产生的经济损失，亦即基于人力资本损耗的环境污染社会损失。

应用基于人力资本损耗的环境污染损失计量方法，也可以对微观主体的损失进行衡量，可以分为环境污染导致病残的损失和环境污染导致早亡的损失：

$$PSLO_t = \frac{AK_t^{\alpha}L_t^{\beta}h_t^{\theta}}{\sum_{i=1}^{n}S_{ti}R_i}\Big[(H_{t-1} + HI_t - HTD_t)^{\gamma} - (H_{t-1} + HI_t - HTD_t - \sum_{i=1}^{n}C_{ti}S_{ti}R_i)^{\gamma}\Big]$$

$$PDLO_t = \frac{AK_t^{\alpha}L_t^{\beta}h_t^{\theta}}{\sum_{i=1}^{n}D_{ti}R'_i}\Big[(H_{t-1} + HI_t - HTD_t)^{\gamma} - (H_{t-1} + HI_t - HTD_t - \sum_{i=1}^{n}\frac{H_{t-1}}{P_{t-1}}D_{ti}R'_i)^{\gamma}\Big]$$

$PSLO_t$ 为第 t 期环境污染导致病残的人均损失，$PDLO_t$ 为第 t 期环境污染导致早亡的人均损失。

基于人力资本损耗角度计量环境污染损失的方法之所以区别于传统人力资本法和修正人力资本法，在于传统人力资本法和修正人力资本法所不具有的特征：基于人力资本损耗的计量方法彻底摆脱了传统人力资本法中涉及对人的生命价值进行衡量的伦理问题；针对传统人力资本法适用于计量微观主体损失和修正人力资本法适用于衡量社会损失的适用性问题，基于人力资本损耗的计量方法既能表示环境污染的社会损失，也能通过变换得到微观主体损失，对环境污染健康损失补偿提供依据；基于人力资本损耗的计量方法，真正从对人力资本的界定出发，从环境污染对人力资本积累过程的影响入手，通过衡量人力资本存量损耗衡量经济产出损失，体现了人力资本的资本属性。

即便如此，这种方法也未考虑环境污染对人类福利带来的直接损失（如人居环境恶化、景观破坏、精神愉悦度降低等舒适性指标，以及其他存在价值或馈赠价值等非使用价值，还有这些因素对人力资本损耗的影响)，并未包括环境污染损失的全部。因此，和其他环境价值评价法一样（张帆，2007)，它只是一种近似估算。由于精确计量的困难性，从人力资本损耗的角度估算环境污染经济损失的方法和其他方法一样，不可能非常准确地衡量损失，同时由于人力资本的资本属性、投资途径的复杂性和环境污染导致损失的多面性等问题，从人力资本损耗的角度衡量环境污染损失还需要更深入的研究，以便更准确、更全面地衡量。

4 人力资本法计量环境价值的实证研究

——以广东省大气污染经济损失估算为例①

大气污染对健康的影响是国内外环境科学、环境流行病学及环境经济学等学科领域学者一直关注的热点。高浓度的大气污染不利于人群的健康，甚至导致人的早逝，影响人力资本投资效率和人力资本存量积累，从经济增长的角度来说，人力资本的损耗是生产要素的损失，带来更大的经济产出损失。本书根据广东省大气污染的实际情况以及监测数据的可获得性，选取PM_{10}、SO_2、NO_x为主要污染物②，近似核算基于人力资本损耗的大气污染经济损失。本章的目的是简要说明上述模型的应用性，在本章的实际估算中只估算环境污染对人力资本中健康部分影响的损失。

4.1 基于人力资本损耗的广东省大气污染剂量—反应关系

4.1.1 数据选择及解释

1. *污染物浓度*

环境污染物的多样性导致了环境污染影响的复杂性，细分环境污染物及确定污染物浓度是较准确地估算环境质量及其影响的关键。根据历年《广东省环境状况公报》，广东 21 个地级以上市的主要大气污染物是二氧化硫（SO_2）、氮氧化物（NO_x）、可吸入颗粒物（PM_{10}）等，《广东省环境状况公报》公布了全省历年二氧化硫（SO_2）、氮氧化物（NO_x）、可吸入颗粒物

---

① 本章内容参考了作者指导研究生安兆峰共同完成的研究工作：环境污染经济损失模型构建及应用——基于人力资本损耗的角度，暨南大学，2010。

② 根据广东省历年《广东省环境状况公报》公布的数据，可以得到主要污染物包括二氧化硫、氮氧化物和可吸入颗粒物。

（PM_{10}）的年日均值，我们选择用各污染物的年日均值作为衡量污染物浓度的指标（见表4－1）。

表4－1　广东省历年主要大气污染物浓度①

单位：微克/立方米

年份	二氧化硫（SO_2）	二氧化氮（NO_2）	氮氧化物（NO_x）	可吸入颗粒物（PM_{10}）	总悬浮颗粒物（TSP）
1994	29	—	42	—	206
1995	28	—	45	—	200
1996	60	—	50	—	200
1997	26	—	43	—	160
1998	22	—	41	—	162
1999	17	—	37	—	143
2000	20	27	38	—	134
2001	22	28	—	63	142
2002	22	27	—	62	118
2003	25	31	—	80	—
2004	31	31	—	68	—
2005	27	28	—	61	—
2006	30	29	—	62	—
2007	28	28	—	63	—
2008	25	26	—	58	—

2．经济产出的度量指标

表示经济产出 Y 的指标有很多，国内生产总值（GDP）是国内外经济学者常用的指标，它表示了一定时期内，一个国家或地区的经济所生产出的全部最终产品和提供劳务的市场价值的总值。我们选用广东省历年地区生产总值表示广东省历年的经济产出（见表4－2）。

---

① 广东省环境保护公众网，1994—2008年《广东省环境状况公报》，http：//www.gdepb.gov.cn/hjzlyxx/hbzkgb/。

表 4－2 广东省历年地区生产总值与资本存量

年份	GDP（亿元）		资本存量（亿元）		人口（万人）	劳动力（万人）
	当年价格	1978 年价格	当年价格	1978 年价格		
1990	1 559.03	783.53	2 811.38	1 415.60	6 246.32	3 118.1
1991	1 893.3	922.05	3 389.88	1 558.80	6 348.95	3 259.2
1992	2 447.54	1 125.95	4 501.78	1 795.40	6 463.17	3 367.21
1993	3 469.28	1 384.73	6 691.24	2 107.90	6 581.60	3 433.91
1994	4 619.02	1 657.59	8 683.44	2 477.80	6 691.46	3 493.15
1995	5 933.05	1 915.37	10 884.76	2 932.90	6 788.74	3 551.2
1996	6 834.97	2 131.21	12 559.50	3 254.00	6 896.77	3 641.3
1997	7 774.53	2 369.75	13 966.70	3 558.10	7 013.73	3 701.9
1998	8 530.88	2 625.75	15 396.85	3 930.30	7 115.65	3 783.87
1999	9 250.68	2 891.57	16 961.54	4 347.10	7 298.88	3 796.32
2000	10 741.25	3 223.17	18 785.57	4 762.20	7 498.54	3 989.32
2001	12 039.25	3 561.25	20 700.63	5 237.20	7 565.33	4 058.63
2002	13 502.42	4 001.89	22 809.10	5 788.00	7 649.29	4 134.37
2003	15 844.64	4 595.96	26 335.52	6 539.00	7 723.42	4 395.93
2004	18 864.62	5 275.66	32 110.79	7 493.40	7 804.75	4 681.89
2005	22 366.54	6 003.72	36 667.48	8 422.00	7 899.64	5 022.97
2006	26 159.52	6 879.84	40 923.91	9 334.30	8 048.71	5 250.09
2007	31 084.40	7 888.45	45 940.77	10 233.00	8 156.05	5 402.65

3．物质资本存量

关于对中国当代经济的很多实证研究都涉及资本存量 K 这个指标，特别是关于经济增长、投资效率和 TFP 的研究。但是，相关研究几乎都采取了各自不同的测算方法，而所得出的数据间却存在很大差距（张军、章元，2003）。计算物质资本存量 K 的基本方法是由 Goldsmith 于 1951 年开创的永续盘存法，被广大学者广泛使用。

吕冰洋（2007）在借用张军（2003）研究成果的基础上，对全国及各省市的资本存量进行了估算，计算方法为：1995 年以前 $K_t = (1-\delta)K_{t-1} + I_t$，$I_t$ 为当年的资本投入，δ 为资本折旧率，估算为 5%；1995 年以后 $K_t = K_{t-1} + I_t - D_t$，$I_t$ 为当年固定资本形成，D_t 为当年固定资本折旧额，采用统计年鉴中发布的固定资产折旧数量（吕冰洋，2007）。为了简化分析，在后续的研究中直接借用吕冰洋（2007）以1978年价格表示的广东省1990—2005年物质资本存量和李增（2008）以1978年价格表示的广东省2006—2007年的物质资本资本存量估算结果（李增，2009）①。（见表4－2）

4. 人力资本存量

准确衡量人力资本存量是基于人力资本损耗的角度估算环境污染经济损失的基础。在估算过程中需要应用到清洁生产条件下的人力资本存量和环境污染状态下的人力资本存量，其中，投入到经济生产中的现实的人力资本存量是环境污染状态下的人力存量，对应的经济产出是统计核算的地区生产总值。

如前所述，人力资本存量的估算采用会计成本法，在孙景蔚（2005）模型的基础上减去环境的人力资本损耗，则人力资本存量 $H_t = H_{t-1} + HI_t - HED_t - HTD_t$，人力资本存量取决于上一年的人力资本存量、本期的人力资本损失和本期的人力资本投资，并且部分本期人力资本损耗的估算依赖于上一期的人力资本存量，除了当期的人力资本投资外，其余各项估算的准确与否均直接依赖于基期人力资本存量的界定。

在孙景蔚（2005）基于损耗的人力资本存量计量的研究中，为了估算中国1990—2002年的人力资本存量，孙景蔚（2005）以1990年为基期进行估算，首先估算了每期的人力资本损耗。每期的人力资本损耗等于当期劳动者日常生活消费支出中的教育和卫生保健支出。该研究认为在1990年和1991年间，中国人口年龄结构无显著变化，知识更新和技术进步的速度稳定，这两年的人力资本损耗只受到人力资本存量大小的影响，即1990年和1991年的人力资本存量具有大致相同的损耗存量比率 α，则有 $LO_{1990} = \alpha \cdot LK_{1990}$，$LO_{1991} = \alpha \cdot LK_{1991}$，$LO_{1990}$、$LK_{1990}$ 和 LO_{1991}、LK_{1991} 分别表示1990年的人力资本损耗、人力资本存量和1991年的人力资本损耗、人力资本存量，然后根据 $LK_{1991} = LK_{1990} + LI_{1991} - LO_{1991}$（$LI_{1991}$ 为1991年的人力资本投资），由 $LO_{1990} = \alpha \cdot LK_{1990}$，$LO_{1991} = \alpha \cdot LK_{1991}$，$LK_{1991} = LK_{1990} + LI_{1991} - LO_{1991}$ 组成的方程组得到基期1990年的人力资本存量，再运用模型 $LK_t = LK_{t-1} + LI_t - LO_t$ 估算了全国其他年份的人力资本存量。在考虑了外来暂住人口人力资本存量的基础上，该研究还从损耗的角度估算了上海、浙江、江苏的人力资本存量。孙景蔚（2005）估算的全国和上海地区1990—2002年的人力资本存量，见表4－3。

① 吕冰洋（2007）计算了广东省1978—2005年的资本存量，李增（2008）用吕冰洋（2007）的方法计算了广东省2006—2007年的资本存量。

表 4-3 全国和上海地区经济产出与孙景蔚模型估算的人力资本存量①

年份	经济产出（GDP）		人力资本存量（H）		$\frac{\text{上海 GDP}}{\text{全国 GDP}}$	$\frac{\text{上海 }H}{\text{全国 }H}$
	全国	上海	全国	上海		
1990	18 667.80	781.66	3 925.81	196.43	0.04	0.05
1991	21 781.50	893.77	4 939.61	252.78	0.04	0.05
1992	26 923.50	1 114.32	6 158.34	316.30	0.04	0.05
1993	35 333.90	1 519.23	7 712.02	387.02	0.04	0.05
1994	48 197.90	1 990.86	9 800.75	467.26	0.04	0.05
1995	60 793.70	2 499.43	12 296.61	555.49	0.04	0.05
1996	71 176.60	2 957.55	15 272.24	646.73	0.04	0.04
1997	78 973.00	3 438.79	18 626.42	775.41	0.04	0.04
1998	84 402.30	3 801.09	22 575.59	948.76	0.05	0.04
1999	89 677.10	4 188.73	26 936.63	1 170.71	0.05	0.04
2000	99 214.60	4 771.17	31 684.81	1 433.87	0.05	0.05
2001	109 655.20	5 210.12	37 384.82	1 735.07	0.05	0.05
2002	120 332.70	5 741.03	43 174.83	2 059.72	0.05	0.05

与孙景蔚（2005）对人力资本存量的估算相比，本书对人力资本存量的估算有两点不同：一是孙景蔚模型中对人力资本损耗的估算包括劳动者日常消费支出中的教育和医疗保健支出，而本书估算人力资本存量还需考虑环境污染的人力资本损失；二是孙景蔚模型中的人力资本损耗只与劳动者当期的活动相关，而本书对人力资本损耗的估算不仅与劳动者当期活动相关（医疗费用的增加），还依赖于上一年度的人均人力资本存量（用来衡量死亡增加的人力资本损耗），亦即在孙景蔚模型中当期的人力资本损耗是可以衡量的，而根据本书对人力资本损耗的界定，本期的人力资本损耗单纯依靠当期的活动是无法测算的。基于以上两点不同，孙景蔚（2005）研究中确定基期人力资本存量的方法在本书中的运用存在一些问题。但如果在数据充足的情况下，本书人力资本存量的估算仍然可以借用孙景蔚（2005）的确定方法：广东省环境问题基本上是伴随着广东省经济社会的持续高速增长过程出现的，20 世纪 80 年代以前的环境状况一直比较稳定且环境质量较高，假设 20 世纪

① 孙景蔚．基于损耗的人力资本估算．中国人口科学，2005（2）：61～67；中国统计年鉴（2008）；上海统计年鉴（2008）．

80 年代以前的环境质量对人力资本存量的影响可以忽略不计，则可以直接借鉴孙景蔚模型中的做法，选定人口结构、知识结构等相似的两个年份，估算基期的人力资本存量，在环境问题开始凸显的 80 年代才考虑环境污染的人力资本存量，估算历年人力资本存量。但是这种方法的运用需要翔实的数据，特别是广东省历年环境质量状况的数据。根据广东省环保局公布的历年《广东省环境状况公报》，影响大气环境质量的主要污染物数据只可以追溯到 1995 年，数据的缺失将直接影响历年人力资本存量的估算。因此，在存在数据缺失的情况下，为了从人力资本损耗的角度对广东省大气污染的经济损失进行估算，本书在确定基期人力资本存量时需另辟他径。

分析孙景蔚（2005）研究中对全国和上海地区 1990—2002 年人力资本存量的估算结果，结合 1990—2002 年间全国和上海地区的经济产出，可以得到上海市经济产出和人力资本存量对全国经济产出和人力资本存量的占比图（见图 4－1）。

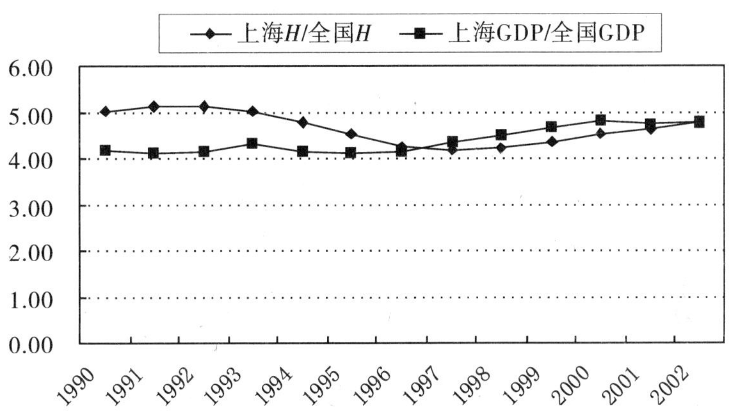

图 4－1 上海经济产出和人力资本存量对全国经济产出和人力资本存量占比图

从图中可以看出，1990—2002 年间，特别是 1993 年以来，上海地区生产总值占全国国内生产总值的比重与上海人力资本存量占全国人力资本存量的比重处于一种不断接近的动态变化中。这种趋势说明，在知识经济时代，人力资本存量对经济增长的贡献作用越来越凸显，人力资本存量决定了经济增长的速度和幅度。从全国范围来看，各地区人力资本存量占全国人力资本存量的比重应和该地区经济产出占全国经济产出的比重相一致。

因此，基于以上的趋势，结合广东省大气环境主要污染物浓度的可获得性，本书选定 1994 年作为基期估算人力资本存量，同时在确定基期人力资本存量时做出最宽泛的假定：假定 1994 年广东省人力资本存量占全国人力资本存量的比重与广东省经济产出占全国经济产出的比重一致，并且忽略该年环境污染导致的人力资本损耗。根据这两个假定及广东省1994年经济产出情况，结合孙景蔚（2005）的研究成果，可以估算出1994年广东省人力资本存量大约为939.25亿元。

4.1.2 剂量—反应关系

剂量—反应关系的确定是估算环境经济损失的重要一环，在实际应用中往往由于环境污染影响的复杂性，导致不同研究者对剂量—反应关系的研究结果有较大的差异性。为了简化分析，同时又有利于本书研究思想的阐述，可直接借用相关的研究成果。Aunan和Li（1999）通过对比分析北京市空气污染和每天死亡率的关系研究成果，同时借鉴国外相关研究的结论，推断了广州市环境污染物浓度和人体健康的剂量—反应关系，根据王倩（2007）对污染物浓度和人体健康的剂量—反应关系的总结，PM_{10}、SO_2、NO_x等污染物浓度与人体健康存在如下的剂量—反应关系（见表4-4）（王倩，2007；Aunan & Li，1999）：

表4-4 大气污染的剂量—反应关系

主要污染物	评价指标	剂量—反应关系
PM_{10}	死亡	PM_{10}每增加1μg/m³，死亡率增加0.051%
	门诊	PM_{10}每增加1μg/m³，门诊就诊率增加0.054%
	住院	PM_{10}每增加1μg/m³，住院人数增加0.11%
SO_2	死亡	SO_2每增加1μg/m³，死亡率增加0.12%
	门诊	SO_2每增加1μg/m³，门诊就诊率增加0.021%
	住院	SO_2每增加1μg/m³，住院人数增加0.21%
NO_x①	死亡	—
	门诊	—
	住院	NO_x每增加1μg/m³，住院人数增加0.08%

注：TSP转换为PM_{10}，其转换系数为0.55，即1μg/m³ PM_{10} = 0.55×1μg/m³TSP。

① 由于过去氮氧化物对人体危害的研究较少，这里没有找到较准确地反映氮氧化物和人体死亡、门诊数量关系的剂量—反应数值。

4.2　大气环境污染的人力资本损耗及人力资本存量

根据我国1996年修订的《环境空气质量标准》的规定，将污染物浓度限值分为三级，并分别将这三级标准应用于三类不同的环境空气质量功能区：一类区为自然保护区、风景名胜区和其他需要特殊保护的地区，执行一级空气质量标准；二类区为城镇规划中确定的居住区、商业交通居民混合区、文化区、一般工业区和农村地区，执行二级空气质量标准；三类区为特定工业区，执行三级空气质量标准（国家环境保护局，1996）。其中，一级标准为优，二级标准为良好，三级标准为轻微污染或轻度污染。二氧化硫、总悬浮颗粒物、可吸入颗粒物、氮氧化物的三级标准浓度限值见表4-5。

表4-5　大气环境质量标准对照表①

单位：毫克/立方米

污染物名称	取值时间	浓度限值		
		一级标准	二级标准	三级标准
二氧化硫（SO_2）	年平均	0.02	0.06	0.10
	日平均	0.05	0.15	0.25
总悬浮颗粒物（TSP）	年平均	0.08	0.20	0.30
	日平均	0.12	0.30	0.30
可吸入颗粒物（PM_{10}）	年平均	0.04	0.01	0.15
	日平均	0.05	0.15	0.25
氮氧化物（NO_x）	年平均	0.05	0.05	0.10
	日平均	0.10	0.10	0.15
二氧化氮（NO_2）	年平均	0.04	0.04	0.08
	日平均	0.08	0.08	0.12
	1小时平均	10.00	10.00	20.00

为了较准确地衡量广东省大气环境污染的损失，这里将《环境空气质量

① 参见《环境空气质量标准》GB3095—1996。

标准》中规定的一类空气质量功能区视为清洁区作为对照，将一级空气质量标准作为衡量大气环境污染损失的污染物基准浓度。根据广东省环境保护局公布的数据，可以得到广东省历年主要大气污染物浓度的变化值，见表4-6。

表4-6 广东省历年主要大气污染物浓度的变化值（与国家一级标准对照）

单位：微克/立方米

年份	二氧化硫	二氧化氮	氮氧化物	可吸入颗粒物	总悬浮颗粒物
1994	9.00		2.00		126.00
1995	8.00		5.00		120.00
1996	40.00		10.00		120.00
1997	6.00		3.00		80.00
1998	2.00		1.00		82.00
1999	-3.00		-3.00		63.00
2000	0.00	-13.00	-2.00		54.00
2001	2.00	-12.00		23.00	62.00
2002	2.00	-13.00		22.00	38.00
2003	5.00	-9.00		40.00	
2004	11.00	-9.00		28.00	
2005	7.00	-12.00		21.00	
2006	10.00	-11.00		22.00	
2007	8.00	-12.00		23.00	

根据各主要污染物与健康的剂量—反应关系，以及历年广东省医疗卫生数据等（见表4-7），测算出广东省因大气污染导致的历年早亡、门诊和住院人数（人次），并根据人力资本法估算大气环境污染导致的人力资本损失（见表4-8）。

表 4-7　广东省历年医疗、卫生状况

年份	人口（万人）	死亡率（‰）	诊疗人次（人）	住院人次（人）	人均诊疗费用（元）	人均年住院费用（元）
1994	6 691.46	5.37				
1995	6 788.74	5.33	257 695 000	3 156 000	48.20	3 243.00
1996	6 896.77	6.09	390 322 000	3 084 000	54.00	3 535.00
1997	7 013.73	4.93	197 261 500	3 167 800	62.07	4 096.31
1998	7 115.65	5.07	380 162 000	3 373 000	72.80	4 438.00
1999	7 298.88	4.81	378 728 000	3 426 000	88.50	4 833.00
2000	7 498.54	4.77	388 338 000	3 711 000	94.02	5 068.33
2001	7 565.33	4.56	385 587 000	3 901 000	99.30	5 293.30
2002	7 649.29	4.52	144 944 000	2 735 000	90.70	5 144.30
2003	7 723.42	4.71	152 864 840	3 040 048	107.60	5 675.30
2004	7 804.75	4.6	169 171 000	3 546 000	104.20	5 853.30
2005	7 899.64	4.68	185 256 377	3 935 868	129.89	6 845.54
2006	8 048.71	4.49	203 745 312	4 382 180	123.60	6 440.40
2007	8 156.05	4.66	231 986 518	5 016 611	126.10	6 682.30

数据来源：广东统计年鉴（2009）、中国卫生年鉴（1996—2008）。

表 4-8　广东省大气环境污染导致的人力资本损耗

年份	死亡（人）	门诊（人次）	住院（人次）	医疗费用损失（亿元）	早亡的人力资本损失（亿元）	人力资本损耗（亿元）
1995	156 531.92	9 617 177.40	282 146.40	13.79	2.20	15.99
1996	342 982.86	17 189 780.88	482 954.40	26.35	7.32	33.67
1997	102 488.27	4 935 482.73	193 235.80	10.98	3.02	14.00
1998	91 637.53	9 418 133.39	181 501.13	14.91	3.52	18.43
1999	62 040.42	7 086 379.61	130 581.99	12.58	3.03	15.61
2000	54 177.84	6 228 164.84	121 238.37	12.00	3.15	15.15
2001	48 745.54	4 950 937.08	115 079.50	11.01	3.30	14.31
2002	47 090.87	1 782 811.20	77 674.00	5.61	3.73	9.34

（续上表）

年份	死亡（人）	门诊（人次）	住院（人次）	医疗费用损失（亿元）	早亡的人力资本损失（亿元）	人力资本损耗（亿元）
2003	96 036.09	3 462 388.63	165 682.62	13.13	9.03	22.16
2004	98 658.28	2 948 650.53	191 129.40	14.26	11.07	25.33
2005	70 650.27	2 373 134.19	148 775.81	13.27	9.32	22.59
2006	83 914.08	2 848 359.46	198 074.54	16.28	12.94	29.22
2007	81 069.34	3 271 009.90	211 199.32	18.24	14.31	32.55

根据本书界定的人力资本存量估算方法，将各相关数据代入人力资本存量估算模型：$H_t = H_{t-1} + HI_t - HED_t - HTD_t$，可以得到广东省历年人力资本存量，根据 $h_t = H_t/P_t$，可以得到广东省历年人均人力资本存量，见表4－9。

表4－9　广东省历年人力资本存量与人均人力资本存量

年份	人口（万人）	人力资本损耗（亿元）	人力资本投资（亿元）	人力资本存量（亿元）	人均人力资本存量（元）	无损耗的人力资本存量（亿元）
1995	6 788.74	15.98	526.57	939.25	1 403.66	939.25
1996	6 896.77	33.68	613.82	1 449.84	2 135.65	1 465.82
1997	7 013.73	14.00	674.85	2 029.97	2 943.37	2 063.65
1998	7 115.65	18.43	804.54	2 690.83	3 836.51	2 704.82
1999	7 298.88	15.61	782.63	3 476.94	4 886.33	3 495.37
2000	7 498.54	15.15	846.24	4 243.96	5 814.54	4 259.58
2001	7 565.33	14.31	926.38	5 075.05	6 768.06	5 090.21
2002	7 649.29	9.34	1 210.79	5 987.12	7 913.90	6 001.43
2003	7 723.42	22.15	1 501.59	7 188.57	9 397.70	7 197.91
2004	7 804.75	25.33	1 658.53	8 668.01	11 223.02	8 690.16

（续上表）

年份	人口（万人）	人力资本损耗（亿元）	人力资本投资（亿元）	人力资本存量（亿元）	人均人力资本存量（元）	无损耗的人力资本存量（亿元）
2005	7 899.64	22.59	1 903.44	10 301.21	13 198.65	10 326.54
2006	8 048.71	29.22	2 055.62	12 182.06	15 421.03	12 204.65
2007	8 156.05	32.55	2 217.69	14 208.47	17 653.10	14 237.68

注：人力资本投资 = 教育经费 + 卫生经费，其中教育经费包括国家财政性教育经费、社会团体和公民个人办学经费、社会捐赠经费、事业收入及其他收入；卫生经费包括国家财政性卫生经费、公民个人卫生经费等。

数据来源：中国统计年鉴、广东统计年鉴、中国教育经费年鉴、中国卫生年鉴。

4.3 基于人力资本损耗的广东省大气污染经济损失估算

从人力资本损耗的角度估算环境污染经济损失，可以基于环境污染—人力资本损耗—经济增长中人力资本要素投入降低—经济增长受损的路径展开。通过经济过程中人力资本要素投入额的减少来估算经济损失，经济增长模型的选择及系数的确定起到至关重要的作用，这里选用回归分析的方法确定要素变量的系数。

对式 3－6 两边求对数得到式 4－1：

$$\ln Y_t = \ln A + \alpha \ln K_t + \beta \ln L_t + \gamma \ln H_t + \theta \ln h_t \qquad (4-1)$$

将表 4－10 中各要素投入数量及经济产出数据代入式 4－1 进行回归分析发现，回归分析的结果可通过经济学意义检验，但是变量系数不能通过统计检验，对变量进行共线性分析发现，共线性指数达到 2 489.252，说明变量间存在严重的共线性。为了消除变量共线性的影响，对变量进行主成分分析，并做主成分回归分析，得到式 4－2：

$$\ln Y_t = -3.875\,2 + 0.912\,2 \ln K_t + 0.288\,4 \ln L_t + 0.158\,9 \ln H_t + 0.171\,1 \ln h_t \qquad (4-2)$$

即 $$Y_t = e^{-3.875\,2} K_t^{0.912\,2} L_t^{0.288\,4} H_t^{0.158\,9} h_t^{0.171\,1} \qquad (4-3)$$

将 $h_t = H_t/P_t$ 代入式4-3，得到如下的结果：

$$Y_t = e^{-3.8752} K_t^{0.9122} L_t^{0.2884} H_t^{0.3300} P_t^{-0.1711} \quad (4-4)$$

表4-10　历年各要素投入及经济产出

年份	GDP（亿元）	劳动力（万人）	资本存量（亿元）	人力资本存量（亿元）	人均人力资本存量（元）
1995	5 933.05	3 551.2	10 884.76	939.25	1 403.66
1996	6 834.97	3 641.3	12 559.50	1 449.84	2 135.65
1997	7 774.53	3 701.9	13 966.70	2 029.97	2 943.37
1998	8 530.88	3 783.87	15 396.85	2 690.83	3 836.51
1999	9 250.68	3 796.32	16 961.54	3 476.94	4 886.33
2000	10 741.25	3 989.32	18 785.57	4 243.96	5 814.54
2001	12 039.25	4 058.63	20 700.63	5 075.05	6 768.06
2002	13 502.42	4 134.37	22 809.10	5 987.12	7 913.90
2003	15 844.64	4 395.93	26 335.52	7 188.57	9 397.70
2004	18 864.62	4 681.89	32 110.79	8 668.01	11 223.02
2005	22 366.54	5 022.97	36 667.48	10 301.21	13 198.65
2006	26 159.52	5 250.09	40 923.91	12 182.06	15 421.03
2007	31 084.40	5 402.65	45 940.77	14 208.47	17 653.10

将表4-9中的劳动力数量、资本存量、无损耗的人力资本存量、人口数量代入式4-4，得到清洁生产条件下的无损耗的经济产出 Y'_t，$Y'_t - Y_t$ 即表示广东省第 t 年基于人力资本损耗的角度衡量的大气环境主要污染物导致的经济损失，见表4-11。

表4-11　基于人力资本损耗的广东省历年大气环境污染经济损失

年份	清洁生产的经济产出（亿元）	环境污染下的经济产出（亿元）	环境污染损失（亿元）	环境污染损失占经济产出的比例（%）
1995	6 215.56	5 379.78	835.78	13.45
1996	7 399.14	6 603.29	795.85	10.76
1997	8 443.99	7 703.06	740.93	8.77

（续上表）

年份	清洁生产的经济产出（亿元）	环境污染下的经济产出（亿元）	环境污染损失（亿元）	环境污染损失占经济产出的比例（%）
1998	9 618.55	8 844.87	773.68	8.04
1999	10 543.44	9 903.20	640.24	6.07
2000	11 993.53	11 347.35	646.18	5.39
2001	13 209.06	12 517.06	692.00	5.24
2002	14 641.30	13 803.96	837.34	5.72
2003	17 146.37	16 132.50	1 013.87	5.91
2004	20 319.87	19 213.55	1 106.32	5.44
2005	23 738.30	22 493.00	1 245.30	5.25
2006	26 755.78	25 495.27	1 260.51	4.71
2007	29 700.01	28 376.24	1 323.77	4.46

注：①清洁生产的经济产出和环境污染的经济产出均是在模型 6－4 成立基础上的估算结果，其中清洁生产下的经济产出是在现有的投资规模、资本存量等条件下应该有的经济产出；

②环境污染损失＝清洁生产的经济产出－环境污染下的经济产出；

③环境污染损失占经济产出的比例＝环境污染损失/清洁生产下的经济产出×100%。

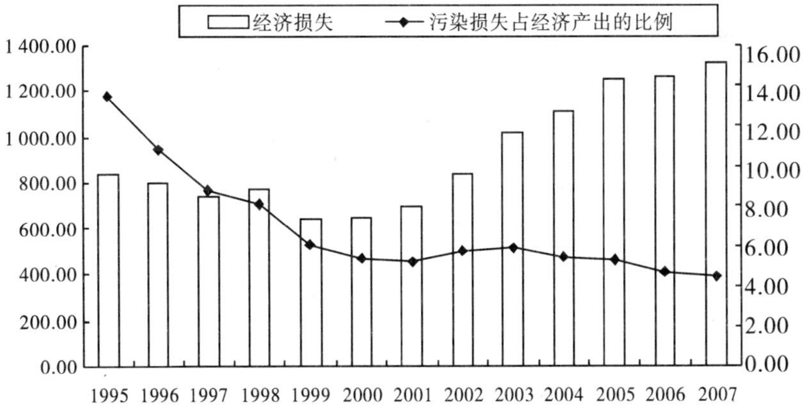

图 4－2　基于人力资本损耗的广东省历年大气环境污染经济损失及其比例

表 4－11 和图 4－2 的估算结果显示，广东省大气环境污染的经济损失占总经济产出的比例由 1995 的 13.45% 下降到 2007 年的 4.46%，但是经济损失的绝对数却从 1995 年的 835.78 亿元上升到 2007 年的 1 323.77 亿元，

这只是从人力资本损耗角度衡量的大气环境污染经济损失，如果加上从人力资本损耗角度核算的水污染损失、固体废弃物污染损失、其他角度衡量的三废直接损失，广东省总的环境污染经济损失将是一个非常惊人的数字。

5 环境污染、人力资本与经济增长的关系

为了更好地认识环境污染导致的人力资本损耗，以及由此造成的对经济增长的负面影响，本章再次对环境污染、人力资本与经济增长三者之间的关系进行计量分析，对上两章的部分观点进行了进一步佐证。基于广东省1990—2007年的数据，对广东省环境污染、人力资本和经济增长的关系进行了分析。

5.1 引 言

环境污染、人力资本、经济增长的关系问题一直以来是学界关注的热门话题。人力资本对经济增长的贡献如何？经济增长究竟以环境污染为代价还是经济增长促进了环境质量的改善？人力资本积累对环境保护有无影响，人力资本与环境污染之间是否存在必然的联系？国内外很多学者对环境污染、人力资本与经济增长的关系问题进行了研究，而且现有文献以分别对环境污染与经济增长的关系、人力资本与经济增长的关系的研究居多。

Vellinga 和 Withagen（2001）认为人力资本是经济增长的主要动力，环境污染通过影响人体健康、弱化人们学习的能力影响人力资本积累，进而影响长期经济增长。Jha 和 Murthy（2003）用174个国家和地区的数据对环境污染和经济增长的关系进行论证，认为EKC方法对解释环境污染和经济增长的关系并不完全适用，并运用主成分分析法对环境污染和经济增长的关系进行了研究，认为全球范围内的经济增长和环境污染的关系体现为倒N形曲线关系，同时还论证了不同人力资本水平国家经济增长对环境的影响有较大的差别，高水平人力资本更有利于环境保护。Pautrel（2008）认为环境污染不利于长期经济增长，利用世代交叠模型和人力资本积累解释了环境污染对

长期经济增长的影响机制，环境污染导致预期寿命缩短，同时影响人们的学习效率，进而影响人力资本积累。Valeria 和 Salvtore（2008）解释了长期经济增长中资源诅咒和环境库兹涅兹曲线的原因，认为制度环境和人力资本规模是影响经济长期增长的主要因素，完善制度环境、加大人力资本投资是保证经济可持续增长的重要路径。

国内对环境污染、人力资本、经济增长相互关系的研究相对较少，曹光辉、王锋等（2006），张捷、张玉媚（2006），郭红燕、吴季松等（2007），许士春、何正霞（2007）等从不同的侧面研究了经济增长和环境污染的关系，认为我国（或某地区）存在环境库兹涅兹曲线现象，在经济增长初期，经济增长加剧了环境污染程度，而随着经济水平的提高，环境污染状况将会得到逐步改善。但是从实证的角度看，我国经济增长和环境污染的关系现在还处于环境库兹涅兹曲线的左侧，经济增长和环境污染处于上升阶段。杨立岩、潘慧峰（2003）通过研究人力资本与经济增长关系，将知识划分为应用技术和基础科学知识，认为经济的长远增长率和基础科学知识的长远增长率成正比，决定基础科学知识长远性增长率的最终变量为经济体中的人力资本存量，基础科学知识的非排他性决定了政府在经济增长中可以大有作为，因此也就决定了人力资本存量在经济增长中的作用。代谦、别朝霞（2006）利用两国内生增长模型研究发达国家 FDI 产业选择与发展中国家经济增长和技术进步问题，证明 FDI 能否给发展中国家带来技术进步和经济增长是依赖于发展中国家的人力资本积累，提高人力资本水平是发展中国家提高自身技术能力、吸引 FDI、促进技术进步和经济增长的核心政策。郭志仪、曹建云（2007）利用岭估计法对包含制度变量的人力资本外部性内生生产函数模型进行参数估计，认为 1979—2004 年中国人力资本存量的产出弹性为 0.632，29%的经济增长得益于人力资本存量的不断积累，而人力资本水平的提高对经济增长有较强的正外部性，对经济增长的贡献率为 17.67%①。

叶伟青、彭新育（2001）运用内生增长模型对同时存在资源与环境问题和教育问题的经济落后地区进行分析，研究环境污染、人力资本、经济增长关系，认为经济落后源于资源短缺、环境恶劣、教育落后，而导致这些现象产生的深层次原因是教育外部性和资源与环境的外部性，以及因经济落后所形成的短视行为，并且认为教育外部性相对于资源环境外部性对经济增长的影响更大。刘渝琳、温怀德（2007）运用中国 2000—2005 年的面板数据证

① 此处有人力资本存量和人力资本水平两个概念，人力资本存量 = 人力资本水平 × 劳动力数量，人力资本存量的贡献实际上包括了人力资本水平和劳动力的贡献。

明了高水平的人力资本和FDI有利于经济增长，却以牺牲环境为经济增长和吸引FDI的代价，高水平的人力资本更有利于吸引FDI和遏制环境污染，中水平人力资本能促进经济增长，但吸引FDI、遏制环境污染的作用并不明显，认为促进经济增长、避免FDI的污染问题的核心是促进高水平人力资本的积累。黄菁（2009）分别在新古典和内生经济增长的框架下考察环境污染、人力资本与经济增长的内在关系，认为经济增长并不必然导致环境恶化，增加人力资本积累，实行严格的污染排放标准、提高社会环保意识、促进环保型生产技术进步会使经济可持续发展成为可能。

综合分析现有研究，可以得出有意义且较一致的基本结论：在经济增长的初期，经济增长是以环境污染为代价的；人力资本水平的提高是经济快速增长的主要因素；高人力资本水平对环境污染具有抑制作用；环境污染不利于人力资本积累。

这一结论基于外国的数据已经得到较充分的论证，但是对于我国，其适用性还缺乏充分的实证检验。国内学者的研究主要侧重于环境污染和经济增长、人力资本和经济增长的较片面研究上，对于同时考虑环境污染、人力资本、经济增长的相互关系的系统研究相对缺乏，并且在指标的选择上具有一定的片面性。笔者在吸收前人研究成果的基础上，选用新的环境指标，基于广东省1990—2007年的数据，对广东省环境污染、人力资本、经济增长之间的关系进行了实证分析。

5.2 指标选择与模型构建

根据卢卡斯（1988）人力资本外部性内生生产函数，经济增长主要取决于技术水平、社会物质存量、人力资本，在综合考虑人力资本的内部效应和外部效应的基础上，卢卡斯将经济增长模型表述为：

$$Y_t = AK_t^{\alpha}(\mu_t h_t N_t)^{1-\alpha} h_t^{\beta} \tag{5-1}$$

式中，h_t 表示第 t 期的人力资本水平，用工人技术水平表示，h_t^{β} 表示人力资本外部效应，$h_t^{1-\alpha}$ 表示人力资本内部效应，技术水平 A 被设为常数，K_t 表示第 t 期的物质资本存量，N_t 表示第 t 期的工人数量，μ_t 表示第 t 期人力资本投入生产的时间比例。如果以 H_t 表示第 t 期的有效劳动，有效劳动可表示为

$H_t = \mu_t h_t N_t$，那么生产函数可简化为：

$$Y_t = AK_t^{\alpha} H_t^{1-\alpha} h_t^{\beta} \tag{5-2}$$

为了体现环境污染和经济增长的关系，在卢卡斯人力资本外部性内生生产函数的基础上进行改进，将环境变量作为新的要素投入引入到模型中，有如下的生产函数：

$$Y_t = A_t K_t^{\alpha} H_t^{\beta} h_t^{\theta} P_t^{\gamma} \tag{5-3}$$

式中，Y_t、A_t、K_t、H_t、h_t 分别表示第 t 期的经济产出、技术水平、物质资本存量、人力资本存量和人力资本水平；P_t 表示第 t 期环境污染程度，P_t 越大则表示环境污染越严重，环境质量越差；α、β、γ、θ 分别表示物质资本存量、人力资本存量、环境污染程度、人力资本水平的产出弹性。

对式 5-3 进行整理：$Y_t = A_t K_t^{\alpha} L_t^{\beta} h_t^{\beta+\theta} P_t^{\gamma}$ (5-4)

将式 5-4 分别对 K、L、h、P 求偏导，得到：资本的产出弹性 $\alpha = \frac{\partial Y/Y}{\partial K/K}$，劳动力的产出弹性 $\beta = \frac{\partial Y/Y}{\partial L/L}$，人力资本水平的产出弹性 $(\beta+\theta) = \frac{\partial Y/Y}{\partial h/h}$，环境污染的产出弹性 $\gamma = \frac{\partial Y/Y}{\partial P/P}$。

对式 5-4 两边求对数：

$$\ln Y_t = \ln A_t + \alpha \ln K_t + \beta \ln L_t + (\beta+\theta) \ln h_t + \gamma \ln P_t \tag{5-5}$$

式 5-5 两边对时间求导：

$$\frac{\partial \ln Y_t}{\partial t} = \frac{\partial \ln A_t}{\partial t} + \alpha \frac{\partial \ln K_t}{\partial t} + \beta \frac{\partial \ln L_t}{\partial t} + (\beta+\theta) \frac{\partial \ln h_t}{\partial t} + \gamma \frac{\partial \ln P_t}{\partial t} \tag{5-6}$$

即

$$\frac{\dot{Y}}{Y} = \alpha \frac{\dot{K}}{K} + \beta \frac{\dot{L}}{L} + (\beta+\theta) \frac{\dot{h}}{h} + \gamma \frac{\dot{P}}{P} \tag{5-7}$$

式中，$\frac{\dot{Y}}{Y}$、$\frac{\dot{K}}{K}$、$\frac{\dot{L}}{L}$、$\frac{\dot{h}}{h}$、$\frac{\dot{P}}{P}$分别表示经济产出、物质资本存量、劳动力数量、人力资本水平、环境污染程度的增长率，式5－7表示了各要素增长率对经济产出增长率的贡献程度，由式5－7可见，各要素增长率对经济产出增长率的贡献取决于各要素的弹性系数。

由于式5－4中各要素投入及经济产出均为正，因此，各要素产出弹性系数的正负符号与其边际产出相同，与经济行为的理性一致，物质资本、人力资本、劳动力的边际产出均为正，则其弹性系数α、$\beta+\theta$、β也均为正，由式5－6可知物质资本、人力资本、劳动力的增长促进了经济产出的增长。而环境污染的边际产出则有大于零和小于零两种可能（刘渝琳、温怀德，2007）：若$\gamma>0$，表明经济增长是以牺牲环境为代价，如现在处于工业化阶段的大部分发展中国家及发达国家的工业化阶段；若$\gamma<0$，则表明环境污染抑制了经济增长，改善环境能促进经济增长，如进入后工业时期的日本、德国等发达国家。

考察环境污染和人力资本水平的相互影响关系，首先假设环境污染和人力资本之间存在联系，则P对h求导和h对P求导分别得到$\frac{\partial P}{\partial h}=-\frac{\beta+\theta}{\gamma}F'$①和$\frac{\partial h}{\partial P}=-\frac{\gamma}{\beta+\theta}F'$，人力资本水平对环境污染的影响和环境污染对人力资本水平的影响依赖于两导数的取值符号，显然人力资本水平对环境污染的影响和环境污染对人力资本水平的影响是同向的。若导数$\frac{\partial P}{\partial h}$和$\frac{\partial h}{\partial P}$为负，则人力资本水平的提高有利于遏制环境污染的发生，同时环境污染影响人力资本水平的提高，从而影响人力资本积累；若导数$\frac{\partial P}{\partial h}$和$\frac{\partial h}{\partial P}$为正，则人力资本水平的提高加剧了环境污染，环境污染能够促进人力资本水平的提高，这种情况可能发生在一国（地区）经济发展的初级阶段，随着该国（地区）人力资

① 前提假设环境污染和人力资本水平之间存在影响关系，在式5－4中，经济产出Y分别对环境污染P和人力资本水平h求偏导，分别得到$\frac{\partial Y}{\partial h}=(\beta+\theta)\cdot\frac{Y}{h}+\gamma\cdot\frac{Y}{P}\cdot\frac{\partial P}{\partial h}$和$\frac{\partial Y}{\partial P}=\gamma\cdot\frac{Y}{P}+(\beta+\theta)\cdot\frac{Y}{h}\cdot\frac{\partial h}{\partial P}$，分别对两式进行变化，得到环境污染对人力资本水平的导数$\frac{\partial P}{\partial h}=-\frac{\beta+\theta}{\gamma}\cdot[\frac{P}{h}-\frac{P}{(\beta+\theta)\cdot Y}\cdot\frac{\partial Y}{\partial h}]$和人力资本水平$h$对环境污染的导数$\frac{\partial h}{\partial P}=-\frac{\gamma}{\beta+\theta}\cdot(\frac{h}{P}-\frac{h}{\gamma\cdot Y}\cdot\frac{\partial Y}{\partial P})$，显然两导数的符号不能确定。

本水平逐步提高，初级劳动力的劳动效率稳步提高，工业经济开始发展，在全球产业转移的过程中，依靠低廉的劳动力和宽松的环境制度吸引 FDI，成为事实上的“污染避难所”，由此导致本国（地区）环境污染的加剧；另外，FDI 的进入促进了本国（地区）经济发展，从而有更多的资金能力进行人力资本投资。

为了从实证的角度考察经济增长、环境污染和人力资本的相互关系，我们分别以 $\ln Y$、$\ln P$、$\ln H$ 为被解释变量，对如下方程进行回归分析：

$$\ln Y_t = a_1 + a_2 \ln K_t + a_3 \ln L_t + a_4 \ln h_t + a_5 \ln P_t$$
$$\ln P_t = b_1 + b_2 \ln Y_t + b_3 \ln K_t + b_4 \ln L_t + b_5 \ln h_t$$
$$\ln H_t = c_1 + c_2 \ln Y_t + c_3 \ln K_t + c_4 \ln h_t + c_5 \ln L_t + c_6 \ln P_t$$

5.3 数据选择与说明

经济产出 Y 用 GDP（亿元）表示，并按 1978 年价格水平换算；劳动力数量 L 用当年的从业人员数量（单位：万人）表示。

物质资本存量 K 的确定选择吕冰洋（2007）的计算方法：1995 年以前 $K_t = (1-\delta) \cdot K_{t-1} + I_t$，$I_t$ 为当年的资本投入，δ 为资本折旧率，估算为 5%；1995 年以后 $K_t = K_{t-1} + I_t - D_t$，$I_t$ 为当年固定资本形成，D_t 为当年固定资本折旧额，采用统计年鉴中发布的固定资产折旧数量，这里我们分别直接借用吕冰洋（2007）和李增（2008）以 1978 年价格表示的估算结果①。

为简化分析，忽略医疗保健、干中学等形式形成的人力资本，本书中对人力资本存量 H 的确定选用平均教育年限法，$H_t = \sum_{i=1}^{5} e_i \cdot l_{ti}$，其中 e_i 表示从业人员受教育年限，l_{ti} 表示受教育年限为 e_i 的从业人员数量，则 $h_t = H_t / L_t$，e_i 的确定采用五级教育法：文盲半文盲 $e_1 = 1$，小学文化程度 $e_2 = 6$，初中文化程度 $e_3 = 9$，高中（职业高中等）文化程度 $e_4 = 12$，大专以上（包括大专、本科、研究生等）文化程度 $e_5 = 16$；综合邱全山（2006）和周兴（2007）的估算结果，确定广东省人力资本水平和人力资本存量。

---

① 吕冰洋（2007）计算了广东省 1978—2005 年的资本存量，李增（2008）用吕冰洋（2007）的方法计算了广东省 2006—2007 年的资本存量。

环境污染程度 P 的确定借用《生态环境状况评价技术规范（试行）》①中环境质量指数的计算方法，环境质量指数 =0.4（100 − A_{SO_2} · SO_2排放量/区域面积）+0.4（100 − A_{COD} · COD 排放量/区域年均降雨量）+0.2（100 − A_{SOL} · 固体废弃物排放量/区域面积），其中 A_{SO_2}、A_{COD}、A_{SOL}分别表示 SO_2 排放量、COD 排放量、固体废弃物排放量的归一化系数，由于只做单区域（广东省）研究，令 A_{SO_2}、A_{COD}、A_{SOL}均等于 1，同时将环境质量指数变换为环境污染指数：

环境污染指数 =0.4 × SO_2 排放量/区域面积 +0.4 × COD 排放量/区域年均降雨量 +0.2 × 固体废弃物排放量/区域面积

由此计算广东省环境污染指数来代表广东省环境污染程度，指数越高则代表污染程度越重。

以上指标所涉及的原始数据均来源于《广东统计年鉴》（1990—2008）、《中国统计年鉴》（1991—2008）。

5.4 实证分析

对广东省经济增长、人力资本、环境污染关系的实证研究，分别以经济产出、环境污染指数、人力资本存量为解释变量进行回归分析，从三个回归方程着手。

5.4.1 经济增长与人力资本、环境污染的关系

以 $\ln Y$ 为解释变量进行回归分析，结果显示，可以通过经济学意义检验，但是统计检验不显著，对变量进行共线性分析发现，条件指数高达1 604.75，说明变量之间存在高度共线性。为消除共线性影响，对变量进行主成分回归分析，结果如下：

---

① 国家环境保护总局 2006 年 3 月 9 日发布、2006 年 5 月 1 日实施的《中华人民共和国环境保护行业标准》之《生态环境状况评价技术规范（试行）》。

$$\ln Y_t = -12.737 + 0.357 \times \ln K_t + 1.419 \times \ln L_t + 2.462 \times \ln h_t + 0.1527 \times \ln P_t \tag{5-8}$$

以 $\ln Y$ 为解释变量的回归方程式 5－8 显示：资本存量 K 、劳动力数量 L 、人力资本水平 h 、环境污染 P 的弹性系数均大于零，说明各要素投入的增加均对经济增长起到促进作用。其中，环境污染程度 P 的弹性系数 γ 为正，表明环境污染的边际产出为正，说明广东省经济增长是以环境污染为代价的，以环境污染程度的加剧为代价是促使广东经济增长的因素之一。资本存量 K 、劳动力数量 L 、人力资本水平 h 弹性系数为正，与我们的预期一致。劳动力数量 L 的弹性系数高于资本存量弹性系数，说明虽然广东省如广州、深圳等城市的产业结构不断优化，但从总体上看，广东省经济中劳动力密集型产业仍然是经济增长的重要支柱之一；人力资本水平 h 弹性系数最大，远高于资本存量 K 、劳动力数量 L 和环境指标 P ，说明人力资本水平的提高是促进广东省经济增长的主要因素。人力资本水平的提高对经济增长的贡献，一方面表现为通过提高劳动者生产效率促进快速经济增长，另一方面表现为人力资本水平的提高带动技术和资本效率的提高进而促进经济增长。

5.4.2 环境污染与人力资本、经济增长的关系

以 $\ln P$ 为解释变量进行回归分析，同样出现共线性问题，对变量进行主成分回归分析，结果如下：

$$\ln P_t = 38.487 + 1.018 \times \ln Y_t + 1.946 \times \ln K_t - 3.519 \times \ln L_t - 13.604 \times \ln h_t \tag{5-9}$$

广东省的分析数据表明：经济对于环境污染来说，经济产出 GDP 和资本存量 K 的增加加剧了环境污染，经济增长和资本积累过程都是以牺牲环境为代价的；劳动力数量 L 和人力资本水平 h 对环境污染有抑制作用，劳动力数量的增加和人力资本水平的提高有利于环境保护。

人力资本水平的提高对环境质量的影响，主要表现在以下三个方面：一是人力资本水平的提高直接提升公众的综合素质，公众环保意识增强，能够对破坏环境的行为进行自我约束，同时也能自觉承担起环境监督的社会责任，公众进行环境监督能有效控制环境污染（安兆峰，2009）；二是人力资本积累有利于产业结构升级（代谦、别朝霞，2006），产业结构优化升级的

直接结果之一就是加快高污染企业、行业淘汰；三是高水平的人力资本有利于吸引高质量的 FDI，从而避免或逐步摆脱“污染避难所”的尴尬境地（刘渝琳、温怀德，2007）。

劳动力数量的增加也对环境污染起到抑制作用，这里只考虑工业生产的环境污染而不考虑居民生活污染。正如我们所知，许多资本密集型行业如石油工业、冶金工业、电力生产、水泥生产等重工业同时也是高污染、高耗能的行业，而众多轻工、手工类行业具有劳动密集型特征，则对环境影响较小。资本和劳动之间存在替代效应，从这个角度看，在不考虑其他因素的前提下，越多的劳动被资本所替代，则会对环境带来越多的污染破坏；相反，劳动对资本的替代则会减轻由工业生产导致的环境压力。

由于 $H_t = h_t L_t$，对式 5 - 9 稍做变换，得到下式：

$$\ln P_t = 38.487 + 1.018 \times \ln Y_t + 1.946 \times \ln K_t - 3.519 \times \ln H_t - 10.085 \times \ln h_t \tag{5-10}$$

式 5 - 10 表明，人力资本存量增加有利于环境保护，人力资本存量增加的途径包括人力资本水平的提高和劳动者数量的增加，人力资本存量对环境影响是通过产业结构优化和调整实现的。

5.4.3 人力资本与环境污染、经济增长的关系

以 $\ln H$ 为解释变量进行回归分析，结果见式 5 - 11：

$$\ln H_t = 4.135 + 0.093 \times \ln Y_t + 0.103 \times \ln K_t + 0.709 \times \ln h_t + 0.426 \times \ln L_t - 0.066 \times \ln P_t \tag{5-11}$$

回归方程式 5 - 11 表明，广东省人力资本存量增加与 GDP、资本存量、劳动力数量和人力资本水平的增长成正相关关系，与环境污染指标成反相关关系。由于 $H_t = h_t L_t$，人力资本存量与人力资本水平和劳动力数量直接相关；经济增长、资本存量增加可促进人力资本积累，表现为经济产出的增加为人力资本投资提供物质基础，资本存量的增加为“干中学”等人力资本积累提供条件；环境污染对人力资本的积累有抑制作用，环境污染程度的加剧导致人力资本存量的减少或积累放缓，环境污染对人力资本积累最主要的损害表现为对人力资本的载体——劳动者的伤害，环境污染导致劳动者寿命缩短或生产效率下降，从而抑制人力资本积累。

将式 5－11 中 H_t 替换为 h_tL_t，得到方程式：

$$\ln h_t = 14.210 + 0.320 \times \ln Y_t + 0.354 \times \ln K_t - 1.972 \times \ln L_t - 0.227 \times \ln P_t \tag{5-12}$$

式 5－12 显示，人力资本水平与经济产出和物质资本存量成正比关系，同劳动力数量和环境污染程度成反比关系，即经济产出越多，物质资本越丰富，越有利于人力资本投资的增加。相反，在人力资本投资有限的条件下，劳动力数量大幅增加易导致人均人力资本投资水平迅速降低，过低的人均人力资本投资并不利于人力资本积累，这与我国虽然是资源大国但是人均资源明显过低的情况较为相似；环境污染会损害人体健康、缩短预期寿命、降低人们学习的能力与效率等（Vellinga & Withagen，2001；Puatral，2008），导致人力资本投资流失或降低人力资本投资的使用效率，从而影响人力资本水平。

5.5 小　结

通过基于广东省 1990—2007 年数据的经济增长、环境污染、人力资本关系的实证分析，可以得出以下几条结论：

（1）人力资本水平的提高是广东省经济增长的主要动力，加大人力资本投资，促进人力资本积累能有力促进经济持续快速增长，经济增长反过来又促进人力资本积累，为追加人力资本投资提供可能。

（2）广东经济增长以牺牲环境质量为代价，环境要素对经济增长的贡献仅次于资本存量的贡献，环境污染的进一步加剧成为促进经济增长的因素之一。

（3）人力资本水平的提高有利于抑制环境污染的加剧，加大人力资本投资力度，不仅能促进人力资本积累，还有利于环境保护；环境污染对人力资本积累有反作用，环境保护投资不仅有利于改善环境质量，还有利于人力资本积累，提高人力资本水平。

（4）广东省的劳动密集型产业仍然占有相当大的比重，与资本密集型、重工化产业相比，劳动密集型产业更有利于环境保护。相对于环境问题来说，广东省现阶段资本投资和吸引 FDI 的质量在很大程度上不利于环境保护；提高人力资本水平、加快技术创新、吸引高质量的资本投资对环境质量的改善有促进作用。

6　区域产业生态网络的构建条件与影响因素

进入21世纪，可持续发展理念已经是全球社区的共识，是人类未来发展的必然选择，各国政府必然会出台越来越严格的环境标准和法规，自然资源税率必然日益提高，以限制污染物的排放和自然资源的过快消耗。现在许多发达国家甚至发展中国家都在兴建各种各样的生态产业园，通过资源的循环使用和再利用，减少资源消耗，减少污染物排放，降低环境损害，以求实现经济社会的可持续发展。

影响产业生态网络成败的因素很多，既包括企业行为、生产工艺的技术水平、废弃物的物理化学性质、向环境的排放情况、自然资源的禀赋条件、现有的环境容量、废弃物的市场供求状况，也包括政府的财政补贴、政策法规的支持力度、环境规制的严谨程度、区域的产业规划和布局状况、基础设施的完善程度、地区产业结构以及当地居民的人文习俗等，这些因素对产业生态网络的影响在业界颇有争议，尚未达成共识。目前，对产业生态网络形成机制的认识也很有限，缺乏成熟的理论和模型。因此，系统探讨产业生态网络形成的关键因素及其相互关系，以寻找出合理配置产业生态网络发展要素的措施和方法，并提出进一步的政策建议，对循环经济的发展具有重要的理论和现实意义。

6.1　产业生态网络的运行机制

和集聚于某一固定地理区域内的企业群所构成的生态工业园不同，产业生态网络不要求企业在一个园区内。只要企业间能按照“3R”原则（王如松、周涛等，2006）构成生态工业链，并且经济上是可行的，就算企业之间地理距离很远，相关的这些企业都可以组成虚拟生态工业园（韩天锡、兰友根，2004）。例如美国的Brownsville生态工业园并未严格要求其成员在同一地区，而是通过计算机模型和数据库，在计算机上建立起成员间的物料或能量联系（李有润等，2001）。同时，在当地成员的基础上，不断吸引外地新成员来担当生态生产网的“补网”角色（邓云等，2005）。有学者（Chertow，2000；Yang & Lay，2004）归纳了生态工业园物料交换的五种模型，即废弃物交换、企业或组织内部的交换、生态产业园内企业之间的交换、异地企业之间的交换以及虚拟组织的企业之间跨区域（甚至跨国）交换，后两者都有产业生态网络的内涵。考虑到该领域的研究较少，文献中的专用术语比较多而且略显混乱，如前所述，为简化起见，本书对“生态产业园 EIP”、“虚拟生态产业园”、“虚拟生态工业园”和“生态工业网络”不加区别，均视为同义词。

产业生态网络的运行机制表现为市场化和信息化，成员之间主要是通过信息流、资金流、产品流和物料流等联系在一起，主要目标都是实现利润最大化。尽管开始阶段政府部门或行业组织的引导很有帮助，但不需要政府圈地兴建工业园，节省了土地；比较现实，可以改良现有产业体系，建设投资成本低；节约自然资源，特别是矿产资源和能源的投入，大大减少污染物的排放，带来巨大的环境效益和生态效益；使区域经济可持续发展成为可能，对资源环境经济社会协调发展具有重大的战略意义；产业生态网络区内各产业链的完善（补链），为市场附加带来工业品和投资机会等；与传统的工业园区相比，增加的成本主要是废弃物的仓储运输成本，但节省了大量建园成本、政府的服务成本和机会成本。

产业生态网络的运行机制的另一表现是跨产业甚至跨地区的产业共生，不同的研究者从不同的视角对产业共生关系进行了研究，发现影响产业共生的因素很多且很复杂。例如，韩天锡和兰友根（2004）阐述了虚拟生态工业园建设的必要性、构成环境和运行条件。Roberts（2004）分析了生态工业园区的主要经验，即工业促进者、战略规划、社区的支持、政府支持和投资等。Gibbs 和 Deutz（2007）归纳出产业共生、闭合系统、动态性与规模、参与者之间的信任和协调、EIP 内部及其与当地社区的横向联系和合作关系、公共政策的介入等，是影响 EIP 的主要因素。Sterr 和 Ott（2004）研究了德国 Rhine - Neckar 产业区域作为生态工业发展载体的问题，提出应该建立区域生态体系成员之间必要的信任和协调、数据的收集要规范化、减少搜寻合作伙伴的交易成本等。IT 工具和软件是生态产业发展的支撑，可以加强工业企业之间的正协同效应。Desrochers（2004）的研究表明，迄今所有成功的产业共生都是自发组织的，越来越多的公共规划的作用低于预期。Heeresa 等（2004）曾经对荷兰和美国的 6 个生态产业园进行绩效比较研究，分析了利益相关者的介入、项目的组织、项目的经济环境影响、目标实现程度和影响项目成败的因素等。

6.2　产业生态网络形成的前提条件

6.2.1　技术成熟可行

废弃物资源的循环利用、回收再利用或综合利用在技术上的可能性，是实现企业或产业之间共生耦合的首要条件。构造产业生态网络对现有产业链进行补充、完善或改造时，必须对各产业链中各环节的产品和副产品方案进行合理规划，使各产业体系实现资源低消耗、废弃物低排放、产品高产出；不同产业链之间的联系结点在纵向产业链上所处的位置，应以更容易实现产业链之间共生耦合为原则，这取决于企业自身的技术条件、各环节产品的市场需求、企业的运输成本以及企业的整体经济可行性等因素。虽然清洁生产往往是提高企业资源使用效率的重要手段，有利于提高企业自身的生产效率和降低排放量，但产业生态网络考虑的是企业或产业之间的共生耦合，如果共生耦合在技术上不可行，则无法实现产业生态网络的构建。

6.2.2　规制合理有效

和传统意义上的企业一样，产业生态网络内企业的行为仍然是以利润最大化为目标（Desrochers，2002）。如果希望通过市场的力量，让企业自行并且积极参与到产业生态网络内，与其他企业形成共生关系，主动减少污染物排放、降低原材料消耗、实现废弃资源综合利用和循环利用，就必须将自然资源成本、环境成本内化到企业。政府的功能角色定位之一，就是设计好政策和规制，通过环境税收、资源税、排污许可证、排放标准等手段，合理引导，将环境成本在企业中合理内化，变成企业的私人成本而不是社会公共成本，鼓励或迫使企业进行技术创新，实现资源循环和再利用，减少排放，将环境成本转化为环境收益，减少企业生产的环境外部性。政府有关部门应该制定政策，明确自然资源和环境资源的产权，让市场价格正确反映它们的固有价值，特别是使用者成本或机会成本，体现资源和环境的稀缺性；通过行政命令手段限制企业排污量，通过排污费、环境税（庇古税）、污染许可证等经济激励手段，让企业自行通过技术创新、许可证交易等提高环境资源的利用效率和经济效率。

6.2.3 经济利益驱使

整个网络体现出正的净收益，即成本小于收益，对社会来讲才具有意义，才能成功构建产业生态网络的经济和社会基础；参与企业有利润，才会有积极性。影响产业生态网络成本效益的因素很多，包括自然资源与环境价值、废弃物仓储运输成本、废弃物中有价组分的市场价格以及政策法规等。产业生态网络的地理范围或规模应存在合理的边界，以确保正的净收益，可以用产业生态网络区域半径来近似地表示其规模或范围大小，区域半径过大，则运输成本过大；区域半径过小，则园区没有规模经济，资源环境效益得不到合理体现。

产业共生耦合关系的形成，是产业生态网络成功构建的重要标志，这种组织形态最初既可能是企业自发形成的，也可能是由政府部门、中介组织、企业、当地社区或投资商主动设计、引导、培育或促进而成的。这些组织对产业共生网络的协调和促进作用在很多文献中都有提到（Mirata，2004；Cote & Smolenaars，1997；Burstrom & Korhonen，2001）。但根据国外部分学者的研究，基于成本考虑使利润最大化的市场机制自发形成的生态工业园（或网络）更有效率，例如著名的 Kalundborg 工业园、奥地利的 Styria、德国的 Ruhr 、芬兰的 JyvaÈ skylaÈ 地区、美国洛杉矶的石化联合企业和加拿大的 Houston、Sarnia 工业园都是长期自发形成的（Desrochers，2002）。Desrochers（2002）研究了丹麦的 Kalundborg 工业园和欧美国家的典型生态工业园，认为产业共生的主要成因是通过副产品获利或原材料循环使用带来生产成本降低的企业家行为；产业共生是历史上很普遍的现象，只是被现代研究者所忽略而已，因此，以废弃物交换为基础的生态工业网络是可以获利并由企业自发形成的。Chertow（2007）对美国总统可持续发展委员会推进的 15 个生态工业项目和自组织形成的另外 12 个项目进行了比较，分析了产业共生（定义为企业之间副产品、能源或水资源的物质交换）的动机和途径，发现自发形成的产业共生比可以设计或构建的生态产业园更有利于工业的可持续发展，关键是辨识已经存在的共生“内核”，并采取措施培育和发展形成更大的共生关系网络。环境友好、经济可行的共生交换就在周围，我们应该寻找并培育之。Desrochers（2004）的研究表明，迄今所有成功的产业共生都是自发组织的，但一些学者和开发官员仍然认为越来越多的公共规划比同期演化的市场机制更有利于形成产业共生。不过，实践证明，这一类规划并未使该预期成为现实。现有证据表明，市场机制的协调更有利于产业共生的形成，实行自由市场的英国比经济和制度设定完全不同的计划型的匈牙利更成功。其原因应该是从上到下的体制固有缺陷，而不是政策的实施效果问题。设计更有创意的制度迫使企业成本内部化，并构建企业创新平台，显得越来越迫切，是越来越多的工业副产品可持续使用的必经之路。

Heeresa 等（2004）发现荷兰的生态产业园项目比美国更成功，原因在于美国的生态产业园项目由地方政府启动，被看成是通过获得地方政府资金改进地方经济的途径，由于政府的深度介入，企业对这一类项目其实并不感兴趣，而荷兰的 EIP 项目更多的是由企业自行发起，地方政府仅仅提供金融和咨询性质的支持。虽然美国虚拟生态产业园的模式相对投资较少，但企业对其缺乏兴趣。

综上所述，产业生态网络的形成动机和机制主要靠市场力量，如果网络内企业能够通过废弃物回收再生、循环使用、能量梯级使用获得经济收益（减少生产成本、节省原材料成本、节能减排等），或大大减少环境损害、保护生态而产生巨大的生态环境效益（对企业来讲，这一部分效益可以体现在较少的环保排污费、罚款、排放许可证购买等方面），企业就具有寻求产业生态网络内外的产业共生关系的积极性。出于本国或本地区经济、社会、环境可持续发展的需要，加上承受来自政治团体、社区、媒体、公益组织等方面的压力，特别是来自自然资源和环境对经济社会的制约或限制，政府或非营利中介组织有可能成为寻找或构建产业共生耦合、构建产业生态网络的原始动力。

6.2.4 整体系统最优

构建区域产业生态网络要考虑各单体企业的利润大小、资源利用效率或污染物减排量，整个经济区域的资源利用效率最高、经济社会收益最大和污染物减排量最小等，才是区域产业生态网络的最终追求目标。从系统的角度考虑问题是构建好产业生态网络的前提条件，在设计改造产品体系、产业链构造和产业生态网络的时候，要以区域网络为系统目标，而不是以局部目标为最终目的。目标函数不同，产业构造，产业共生耦合结构，经济、社会、环境绩效等结果往往不同。企业、产业之间产品方案的安排与衔接，都要以系统目标为主要考虑对象。

6.2.5 领导力与诚信有效

Hewes A. K.和 Lyons D.I.(2008) 在人文地理与“平地理论”(Grounded Theory) 收集的实践数据的基础上，对领袖行为进行系统性分析，发现生态产业园领袖人物更加重视社会关系而不是技术性联系，其他重复出现的主题如信任、社区嵌入、相近性以及领袖人物对于项目长期适应性的重要意义等也在研究中得到了强调。领袖人物成功的基础在于其建立人际关系以及推动产业生态项目的能力。迄今为止，产业生态网络或生态产业园的实际案例大概分为两个类型，即工程设计规划型和自组织导向型，前者主要依赖政府、行业组织或 NGO 的主导，负责产业共生关系的设计、规划和建设推动；而后者则主要是厂商自发组织形成的。许多研究表明，产业共生关系中的龙头或核心厂商，以及厂商的利益相关者之间的熟悉程度、信任程度、地理和文化相近性、组织文化的相容性等，是产业共生关系形成的重要基础（Sterr & Ott，2004）。

6.2.6 经济发展阶段合适

迄今的研究结果表明，各国经济发展阶段与环境污染水平的关系大体上服从库兹涅兹倒 U 形曲线规律，经济全球化使得企业和各国家均在世界市场上展开竞争，只有经济发展和人们收入达到一定水平，例如在库兹涅兹曲线的峰值区，各国才会更加重视环境质量和资源的稀缺性，制定更严格的环境规制，引导产业结构和经济发展方式向生态化转型。另外，只有工业化发展到一定水平，或者形成了某些产业集聚，产业结构达到足够多元化水平，废弃物排放达到一定量的时候，才有条件建立产业共生关系。过早寻求产业共生网络，产业多样性不足，产业共生的技术水平也没有发展到一定阶段，难以建立产业共生关系。而且，厂商在创业早期主要是求生存，也不会过多考虑环境外部性问题。环境规制过于严格，则不利于厂商的生存和发展；过迟寻求产业共生关系，环境可能已经遭到了过度的破坏，难以恢复；机会成本巨大，或者产业结构和产业关系已经成型，不利于产业共生关系的建立。

企业的生产工艺技术特点和水平决定了产业共生耦合的技术可行性，各国已有的生态产业园实践证明，这还取决于技术和经济的不同发展阶段（王如松、周涛等，2006；Mirata，2004）。在人类经济发展的初期，生产率和技术水平均较为低下，交通、通信、信息、人力资源的素质、生产加工工艺等都满足不了产业共生耦合的要求，不可能实现生态工业体系的构建。目前迅速发展的信息技术、系统集成技术和日益成熟的工业生产技术体系，如TPS、JIT、ERP、供应链管理、电子商务等（Bowersox，Closs & Cooper，2002），才使得企业或产业间的共生耦合以及废弃物料的再利用成为可能（王如松、周涛等，2006）。

6.2.7 产业生态网络要素完备

一般来讲，钢铁有色和化工类重化工业、采掘业、能源、建材、交通类等属于耗能高、原材料消耗大、污染物排放量大的产业，面临的环境和资源压力较大，寻求产业之间的共生关系的主动性更强。而且，这些产业往往是转型国家的重点行业，涉及的产业链较长、跨度大，产业要素（如上游供应商、下游客户、市场、资本、产业技术、人才与分布、产业行业规范度、环境规制与产业经济政策等）联系密切或比较完善，技术工艺比较成熟，人才供给充足，产业行业规制健全，环境规制日益完善和严格，产业经济政策积极鼓励产业生态化发展，有利于建立产业共生关系，补充完善原来的产业链结构。

6.2.8 文化价值观相容

以欧美国家为代表的民族往往笃信人人平等，社会伦理推崇人是自然界一分子的认识，人与自然界的关系相对比较和谐，价值体系偏重对环境的爱护，尽量减少自身活动造成的负外部性，比较注重控制人口密度，讲求居住环境的私密性。而以亚洲国家为代表的民族往往讲究社会等级与身份，习惯于群居和热闹，不注意控制人口密度，强调人对自然界的改造与利用，价值体系对自身造成的负外部性比较容忍。显然，前一种文化环境更加有利于产业共生关系的建立，主观动力比较充足；而后一种文化环境对产业共生关系的建立主观动力不足。

6.3 产业生态网络形成的影响因素

6.3.1 产业共生关系的设计

为了推动区域产业生态网络的形成，政府部门在初期可以针对现有产业体系分析造成污染物排放的生产工序、企业或工段，识别污染因子，通过科学研究提高工艺技术水平，减少污染物排放水平，减少日益严厉的环境规制所带来的环境成本，同时研究开发可行的工艺技术，对排放的污染物进行循环、再利用。可以设计补充某些关键产业链环节，作为生态产业链的“分解者”（指闭合的循环产业链中对某些企业排放的废弃物进行回收、循环使用、再资源化、综合利用的企业或组织）（王如松、周涛等，2006），将排放的废弃物重新资源化、再循环使用或综合利用，即将排放的废弃物进行“分解”，实现污染物的低排放、零排放和资源低消耗，同时提高有价产出。实际操作中，将补充产业链的有关环节（即对应的“分解者”）包装策划成有利可图的工业投资项目，为企业和投资商提供投资机会，为市场提供新的产品，特别是工业产品，从而提高产业链的整体价值和产出率。

通过对产业生态网络区内各产业链的设计与建模，充分利用现有交通设施，合理布局“处理”或“分解”废弃物的“补链”企业，优化运输成本，平衡成本和效益之间的关系，使产业园内企业或产业共生关系本身不至于“亏本”，这是构建产业生态网络的核心问题。同时，与现有的城市垃圾处理体系、废旧物料回收体系有效衔接，实现工业产业体系和城乡生活社区体系的共生耦合，共同“分解”二者排放的污染物，实现虚拟园区的规模经济和范围经济，尽可能提高生态环境效益。所以，在建立工业区和产业转移园区以及企业搬迁的早期环节，就应该合理设计和布局生态产业链，构造好产业共生关系结构，同时兼顾到运输成本，使成本最小、收益最大。也就是说，在构建产业生态网络之初，要考虑区域和地理要素，再遴选出核心企业、共生企业、生产者、消费者、分解者等，还要考虑区域之间的距离、行政区划的藩篱可能带来的限制。

6.3.2 政府政策的引导

为使企业不断地进行技术创新，开发出可行的技术工艺，用于“分解”

产业共生伙伴彼此排放的废弃物，回收利用其中的有价组分，将废弃物资源化、循环使用，并减少排放，一方面需要政府采用日益严格的环境规制、行政命令、经济激励机制，迫使企业增加对技术进步的投入；另一方面，需要通过媒体宣传，在企业、社区和消费者中树立良好的环境保护意识，树立资源循环出效益的观念；同时，政府要出面组织各种形式的资源循环利用技术交流会，促进“产学研”之间的战略联盟，加快研究成果的商业化，加快科技产业化步伐，以早日实现经济、社会、环境效益。

应通过环境保护规制与政策（如排污费、排污权交易、总量控制）将环境损失成本内化，纳入企业生产决策机制中，加大企业的技术创新动力。要发挥市场机制的作用，以经济效益或利润最大化为政策目标，鼓励企业参与产业生态网络。

日本、韩国曾经非常流行的超大型企业网络集团组织结构——综合商社（Hodgetts & Luthans，2001），就大大加强了企业个体之间的合作，降低了交易成本，增强了核心竞争力。这为产业生态网络的建设提供了很好的启示：政府部门或行业组织可以出面促进地区内企业之间建立战略联盟，甚至是企业之间的资产重组，实现纵向或横向一体化，内化交易成本，在大型企业网络内部或之间建立产业共生关系，获得规模经济和范围经济，实现废弃物排放者和“分解者”之间的交易与合作，补充完善产业链，减少排放、提高资源循环利用率、提高产出率，成功构建产业生态网络。

6.3.3 产业各种信息的共享

产业生态网络除了需要传统产业链或供应链管理用于处理订单、物流、成本会计、财务、资源共享、管理协调等信息所需的原材料、产品、技术设备等信息交流平台以外，还需要构建针对产业链排放的废弃物或副产品的种类、数量、性质、价格、区位等信息的交易平台，通过向投资商、生产商、中介组织或市场提供副产品和废弃物“资源”的有关信息，由市场配置资源，实现企业的自组织管理、创新，补充完善产业链，实现产业共生耦合。例如，产业生态网络区内企业的生产信息、经营状况、市场信息、可供利用的新的清洁生产工艺、副产品、废弃物等。大量信息的有序组织需要建立一个信息管理系统，并在此基础上进一步建立产业生态网络区工业生态系统仿真和决策支持工具，对系统内不同成员间的物质流、能量流组合进行工况研究。作为区域产业生态网络的管理者和协调者，则需对整个系统的生态效率做出估计，进行环境、经济和工作机会等多目标规划，为产业生态网络区的设计、决策和维护提供参考（李有润等，2001）。

6.3.4 副产品交易市场的培育

构造产业的副产品、污染废弃物和相关技术工艺的交易市场，需要利用IT技术，将产业生态网络区内的企业生产、物流、配送、管理、财务会计等信息进行集成，形成产业生态网络的内部信息网。同时，构建外部信息网，将更大地理范围的企业或产业链环节的信息集成，实行在线数据动态连接，形成产业生态网络可再生资源的网上交易平台。这样的信息平台对产业生态网络的运作至关重要，只有获得足够的信息，企业或投资者才有足够的条件做出参与产业生态共生网络的正确决策，从事技术工艺开发的企业或研究机构才知道应该重点向哪些方面投入，政府部门才能制定出台相应的政策法规，提高产业生态网络的动态有效性。Sterr 和 Ott（2004）对德国 Rhine - Neckar 地区的工业生态网络的研究结果支持了上述观点，废弃物管理软件促进了企业内外的数据交换，实现标准化、自动化；参与企业之间据此形成合理的网络结构，则有利于企业之间建立信任关系以及企业行为的协调。加拿大的 Greater Sudbury Development Corp 曾经开发公用在线软件工具，构建来自于当地不同产业或行业的100多个企业的数据库，记录地理位置、副产品、需求等信息，并可以图示，这已经成为当地产业生态网络战略的重要组成部分（Stewart，2007）。

6.3.5 产业生态网络系统的柔性化

在产业生态网络区内如何确保“分解者”的废弃物物料流的稳定性至关重要，这需要相关企业建立仓储设施或堆放场地，在产业生态网络范围内收集副产品或污染废弃物，通过现代物流体系保持稳定的废物供应流。然而，要求污染物排放企业保持稳定的废物产出水平是不太容易做到的，废弃物对排放企业来说没有多大经济价值，企业就没有积极性，不会主动地进行废弃物的物流稳定性管理。如果废弃物排放企业出现关停并转，或者废物流不稳定，对利用废弃物加工企业即“分解者”就有运营或投资风险，有时候这种风险对废弃物“分解者”是致命的。因此，建立一个废弃物“供给”市场的网上交易平台比较重要，也就是说，可能是 n 个企业同时向一个废弃资源利用企业提供“原材料”，而且可能是动态的。只要产业生态网络足够大，又有信息交易平台作保证，理论上说，这种废弃物的“供给”应该是可以保持稳定的。

实质上，构建产业生态网络区需要针对废弃物处理企业的生产工艺技术进行必要的柔性分析，确定合理的企业投资规模、生产规模、生产工艺、产品和针对“原材料”短缺的应急方案，以确保废弃物“原材料”在不能稳定供给的情况下，企业不至于停产、亏损或者倒闭，从而降低企业和产业生态网络区本身的投资和运营风险。

6.3.6 区域内厂商的自组织行为

如前所述，世界上现有的产业生态网络或生态产业园可以分为工程设计规划型和自组织导向型，前者在设计产业共生关系基础上规划培育；后者则主要依赖企业自身的积极性和根据市场需求而自发形成，似乎更有生命力，如卡伦堡生态产业园。政府部门的角色主要是设计好环境规制与标准，制定好产业政策，通过经济激励机制鼓励或迫使厂商减少原材料消耗，寻找可行的废弃物处理工艺技术，在产业生态网络内构造产业共生关系，循环利用彼此排放的废弃物或副产品，提高资源利用率，减少污染物排放。

6.4 小 结

与集聚型生态产业园相比，产业生态网络属于比较现实的方案，可以大大节省土地，减少沉淀成本，避免企业搬迁带来的浪费。而且，产业副产品或废弃物得到再利用和循环利用，减少了废弃物排放，这是产业生态网络最重要的功能，是实现区域循环经济或生态工业的重要一环，可以优化区域现有产业体系和经济体系。

产业生态网络的形成受到技术、规制和经济等条件的制约，只有在技术上保证废弃物可以循环使用、再利用和资源化，在规制上通过环境税收、资源税、排污费、环保排放标准和排污权交易机制等手段，保证将自然资源和环境的成本或收益内化到企业，使之成为私人成本而不是社会成本，使得企业参与产业生态网络有利可图，产业生态网络内企业或产业之间才能形成共生耦合关系，在产业内外形成闭合的物质流。

只有控制好产业生态网络的规模，优化园区的成本效益关系，才能获得正的净收益。通过系统集成保证产业生态网络的柔性和稳定性，并针对产业生态网络的特征，做好配套措施，包括道路交通、信息通信、物流仓储等基础设施，大力投入资源鼓励循环经济技术创新，使政府和行业组织发挥引导和监督作用，就可以成功构建区域产业生态网络。

7 区域产业生态网络的形成机理分析

——区域产业生态网络系统的经济热力学诠释

区域产业生态网络是产业生态化和实现产业共生耦合以及经济可持续发展的重要途径（李广明、黄有光，2010）。国内外有成功案例的报道，国内学者对基于序参量识别的产业生态网络演化方式（刁晓纯、苏敬勤，2008）、基于哈肯模型的产业生态系统演化机制（郭莉、苏敬勤、徐大伟，2005）、产业生态化发展的路径选择（郭莉、苏敬勤，2004）、产业生态网络构建的实证研究（刁晓纯、苏敬勤、康宇航，2009）、产业生态网络的宏观和微观系统动力学模型（李守伟、钱省三，2006）等进行过一些研究。如前所述，国外学者的研究发现，区域产业生态网络最终要通过市场机制才能促进其纵深发展和获得成功，并实现良好的资源环境绩效和经济社会可持续发展（Desrochers，2004；Heeresa et al.，2004）。Anderson 和 Sweet（2002）研究了厂商在参与产业生态网络后必须进行的战略调整及其产生的问题；Domenech 和 Davies（2009）应用社会网络分析与网络理论来研究产业共生，分析社会侧面的影响；Jacobsen（2009）分析了社会因素对厂商参与产业共生的影响。但总的来讲，国内外对产业生态网络缺乏有理论深度的系统研究，人们对许多理论问题（如网络形成的机制、演化的规律等）一直没有很好的理解，这会直接影响区域产业生态网络的构建和可持续发展理论体系的发展。

区域产业生态网络主要指网络要素（如厂商）之间通过价值、信息、物质、能量、交通等进行连接，不要求要素一定在相同的物理区域之内，而且理论上讲要素之间可以相隔很远。一旦形成了有效的区域产业生态网络，要素成员的地理位置就相对固定，彼此之间价值、信息、物质、能量的交流也相对恒定，网络系统处于有序的状态，要素成员之间的联系也相对稳定。

笔者认为，区域产业生态网络系统是由市场中大量的厂商与消费者、政府组织、中介组织、基础配套设施和公共服务提供者、社区等众多利益相关者组成的。例如，根据王虹（2008）的研究，中国国际级开发区的企业平均数从 1990 年的 1 652 个增加到 2005 年的 41 990 个，韩国 Banwol－Sihwa 工业园内企业数也达到13 848个（Jung et al.，2013）。根据热力学理论，从宏观上来看，这种网络属于经济—社会—环境大系统，类似于自然界的热力学系统，系统要素（利益相关者）之间存在着吸引力、排斥力、交互作用，网络系统具有自身的演化规律，某些条件下网络系统可以从无序演化到有序状态。范建中（2008）、薛吴健等（2003）和杨国政（1998）也曾经提出热力学与市场经济发展、经济周期、管理科学相关的理论。自然界中系统要素（物质和能量的不同形态）在各种物理化学环境下可以形成不同的有序结构或稳态，表现为不同的物理化学形态，例如雪花的六角形、化学震荡，地球物理化学过程中形成的矿物晶格形状、色彩、硬度、晶格构造等，外在表现为具有不同的物理化学特征。而区域间由于产业生态网络的系统要素和序参量（例如厂商的规模、战略、组织结构、行业归属、业务范围、利益相关者的构成和外部环境等）的差异，就可能形成不同的区域产业生态网络，例如著名的Kalundborg工业园、奥地利的Styria、德国的Ruhr、芬兰的JyvaÈskylaÈ地区、美国洛杉矶的石化联合企业和加拿大的Houston、Sarnia工业园都是长期自发形成的（Desrochers，2002），且各有不同的产业特征、网络结构和规模等。

因此，属于经济—社会—环境大系统的区域产业生态网络系统与自然界热力学系统应该具有类似的热力学特征，本书试图借鉴热力学系统的物理化学理论及其模型，用于分析区域产业生态网络系统。本书从区域产业生态网络系统的内能、熵、耗散结构（李如生，1986）等视角，探讨区域产业生态网络的形成机制和稳定性。理论上讲，区域产业生态网络规模可以足够大。根据上述分析，有理由假定区域产业生态网络系统有足够多的成员或厂商数量，可以构成副产品市场交换体系，基本满足热力学第二定律的统计特性要求。

7.1 区域产业生态网络系统的界定

从系统的角度看，区域产业生态网络系统应当包括厂商、消费者、城乡社区、政府、员工等利益相关者，其不仅体现经济价值形态，更包含自然物质形态。物质形态包含自然资源、原材料、产品、废弃物、环境等各种代谢形式，而价值形态包括资本、自然资源和生态环境的固有价值、效用、成本、利润、社会福利等，物质形态和价值形态共同构成一个经济—社会—环境子系统。该子系统是开放定常系统，可以和系统以外的物质、能量、信息、价值、人员等要素进行交换，并与之共同形成更加广义的经济—社会—环境大系统（见图7－1）。

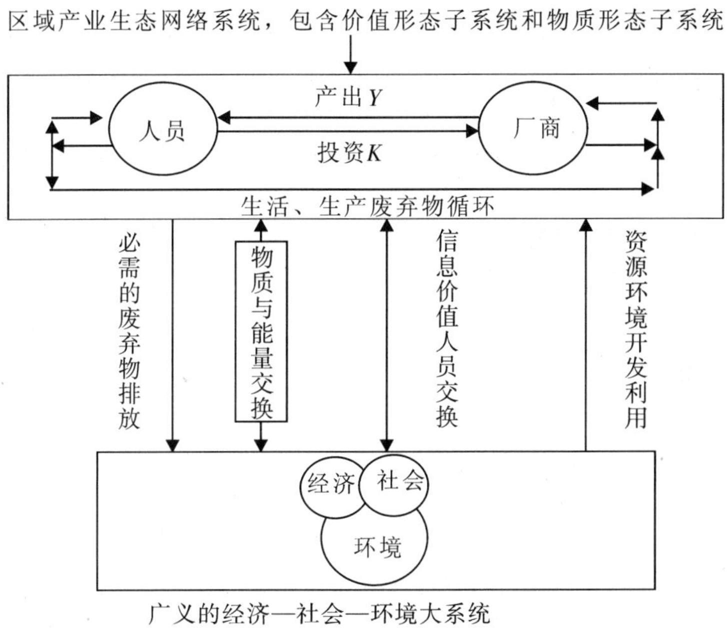

图7－1　区域产业生态网络系统内外关系示意图

7.2　区域产业生态网络系统的内能分析

成功构建的区域产业生态网络系统，呈现出一种有序的“稳态”结构，系统能够正常运营，并行使经济—社会—环境子系统的功能。系统内各要素之间形成“亚稳定”的“共生耦合”或者“键合”关系，就像是热力学体系中的分子、原子这些基本要素，通过键合构成各种形式的物理化学物质形态，实现一定条件下系统内能 U 的最小化。区域产业生态网络系统的内能包含厂商自身在市场中运动的动能、在市场中所处区位的位能以及厂商自身组织成员（如员工）的动能，也反映了厂商之间的交互作用能。如图7－2所示，根据物理化学原理（黄昆，1979），随着系统要素之间“距离”的减小，系统内能由正变负逐渐减小，达到一个最小值，此时系统内能最小，系统也最为稳定；而后随着“距离”的进一步减小，系统内能迅速增加，并变为正值，系统变得不稳定。但是，根据定义（李广明、黄有光，2010），区域产业生态网络系统要素（如厂商）的地理位置是相对固定的，彼此之间的物理距离可以很远并保持不变。从经济—社会科学的角度来讲，这里提到的“距离”与固体物理学中原子或分子之间的物理距离的概念不完全相同，除了反映要素之间的物理距离外，它还反映了交易或心理层面的“距离”。网络系统要素之间互相越不了解，文化特征和管理模式差距越大，信息越不透明，互相的诚信度越差，网络成员的交易障碍越大，“距离”就越大。

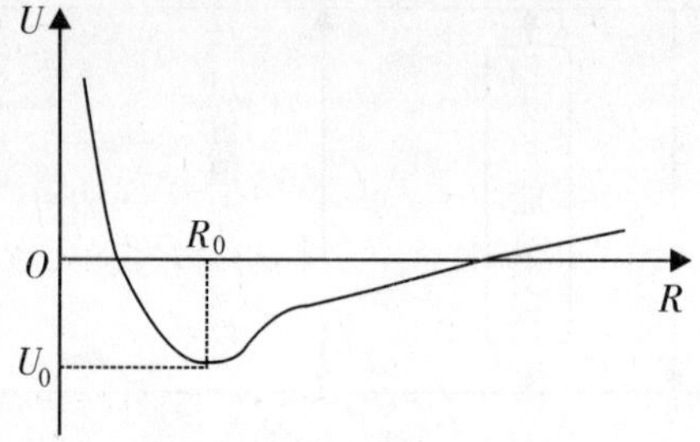

图 7-2　区域产业生态网络系统内能与各要素间“距离”R 的关系①

区域产业生态网络系统要素或成员之间如果没有建立合理的价值、信息或物质联系，“相隔”较远，“距离”大，就难以形成网络，或系统内能较高且为正，系统不稳定，网络就无法正常运营。随着系统要素之间这些关系的建立，彼此之间的“距离”拉近，系统内能下降并变为负，则系统稳定性增强，当系统要素之间的关系达到最佳状态时，系统内能最小，网络正常行使职能，价值形态子系统和物质、社会子系统协调有序。

作为自然界的一些系统如晶格系统，当地球物理化学变化过程达到平衡时，系统内能最小，系统稳定性较高。而受市场变化、人员流动、自然资源供给和价值规律的影响，作为经济—社会—环境大系统下形成的区域产业生态网络子系统的“涨落”（李如生，1986）将比较频繁，系统内能最小时，其稳定性也相对较差，可以描述为复杂系统条件下的“稳态”，即系统要素之间的“键合”关系远离平衡态，类似于非平衡态热力学系统受“涨落”的影响而形成的有序定态（李如生，1986）。

也就是说，系统内产业或企业之间的共生耦合或键合关系，相当于区域产业生态网络系统内的“化学键”，只有满足一定的条件（如技术或经济可

---

① 根据黄昆（1977）模型修改。

行)，才有可能形成连接网络要素或成员的纽带（键合）。只有实现了产业或企业之间的共生耦合（键合)，才能形成有效的区域产业生态网络，实现自然资源、能源及原材料的低消耗、循环使用和污染物低排放或零排放，使得经济价值形态子系统对自然与社会大环境的干扰最小，区域产业生态网络系统向外输送的高“熵”(S)① 资源最小，促进广义的生态大系统保持较低的“熵”值并处于有序、稳定和可持续发展的状态。

7.3 网络要素联系的紧密度——“隔阂度”

产业或企业能够耦合形成区域产业生态网络的根本原因，在于产业或企业通过网络联系起来后网络系统具有更低的内能。根据热力学原理，把分散的企业或产业集聚（键合）在一起形成区域产业生态网络的过程中，将有一定的能量 W 释放出来，可称为“结合能”。如果以充分分散的产业或企业作为计量内能的零参照系，则 W 就是集聚成产业生态网络后系统具有的内能。显然，内能与产业生态网络系统的要素之间的信任程度、互相联系的紧密程度、地理范畴、组织文化的一致性或交互作用强度等有关，如果网络要素之间能够形成这些联系，建立产业共生耦合关系，产业生态网络混乱度下降，则可以形成有序网络，该系统释放能量、内能降低。也就是说，网络要素之间的“距离”或关系程度影响该系统的内能和稳定性。

设想一开始产业或企业在产业共生的意义上“相距”很远，即网络要素成员之间联系甚少，互相之间的生态联系（如共生耦合）很差，将这些产业或企业按照一定的生态产业共生秩序排列组合起来，然后加强联系与交互作用的程度，逐渐缩短“距离”，即逐渐减少企业或产业之间的“隔阂”，逐步形成共生耦合的生态结构，系统内能逐渐减小。当“距离”缩短到一定程度后，产业或企业之间互相约束过度，独立性变差，甚至形成大规模的“扩展组织”（马士华等，2000），信息传递容易扭曲，交易成本上升，产业生态网络系统效率反而下降，要素成员之间存在排斥力，稳定性下降，内能上升。

根据上述讨论，这里不妨设 R 为产业或企业之间产业共生意义上的“隔阂度”，代表网络各要素之间统计学意义上的关联度或“距离”，那么 R 的

---

① “熵” S 反映系统的混乱度，系统越乱，S 越大，反之亦然。

变化取决于反映市场配置效率和市场竞争性的压力 P_m，如交通和运营成本下降使得参与网络的收益上升，也取决于外部的压力或张力 P_g，如政府循环经济政策、环境政策或规制、环境税、资源税、排污费等，将环境成本内化。压力 P_g 是随着自然资源的日益稀缺、人居环境的日益恶化及舒适性的日益降低而逐渐增大的。上述两种压力相加为企业承受的总体压力 $P = P_m + P_g$，视为系统压力。

根据功能原理，如果忽略热学的效应（黄昆，1979），或者系统绝对温度 $T=0$①时（傅献彩、陈瑞华，1980），即产业生态网络的形成或生长带来的无用功损耗为零，外界做功 $P(-\mathrm{d}R)$ 等于内能的增加 $\mathrm{d}U$，则

$$P = P_m + P_g = -\frac{\mathrm{d}U}{\mathrm{d}R} \tag{7-1}$$

如果“隔阂度” R 缩小到一定范围，区域产业生态网络系统内企业自身经营和竞争状况能够较好地适应周边市场的环境，来自政府的压力也可以有效地转化为企业技术创新的动力，在平衡或定态条件下，可以近似地认为 $P = P_m + P_g = 0$，则 $-\mathrm{d}U/\mathrm{d}R = 0$。

区域产业生态网络系统的这种平衡或定态，可认为对应于图 7－2 中的 R_0 点，即系统内能的极小值。因此，如果已知内能函数 $U(R)$，就可以通过极值的条件确定处于“定态”的区域产业生态网络系统的有效“隔阂度”，即产业或企业之间应该建立何种紧密程度的联系，这具有重要的政策启示作用。

7.4 区域产业生态网络系统的热力学理论与模型

有效的区域产业生态网络必须体现经济、社会、环境的协调发展，网络内产业或企业之间的共生耦合、地理布局或资源配置，需要遵循自然生态系统和生命系统的基本规律，包括物质代谢链的系统性和完整性。区域产业生态网络和外界有诸多联系，属于开放定常系统（李如生，1986），在远离平衡态的定态或稳态下，不断与外界进行物质能量交换，某种条件下可以形成

① 本书定义区域产业生态网络系统热力学温度 T 的经济学内涵主要反映外界经济发展阶段和环境，$T=0$ 可以参考热力学的标准，近似定义为区域经济增长停滞的状态。

低熵有序的结构状态和自组织能力，应对环境涨落的影响，避免亚稳定状态的失稳和突变，故其具有复杂系统的耗散结构（李如生，1986）特征。

环境涨落可以包括政府产业政策、环境政策、环境规制、宏微观政策的变化，或者世界经济形势的变化，或资源产品的供求和价格变化，以及经济社会发展阶段自身的进化等。

区域产业生态网络的形成与生长过程就像自然界中晶格的形成和生长首先需要有“晶核”一样，也需要“种子”企业或“龙头”企业，且往往是大企业来主导网络系统的形成，通过产业链的纽带，将其他配套企业（往往是中小企业）吸引过来，形成企业或产业之间的共生耦合关系，逐步形成完善的产业生态网络体系。

合适的外界条件是形成网络体系的前提，例如，经济发展阶段、技术水平和经济景气程度就像是热力学体系中的温度 T；政策措施和网络运行环境（如生产要素、运营成本、产品与废弃物的供求状况、交换市场的完善程度、信息透明度等）则影响厂商之间的关系和竞争，是厂商必须面对和经受的压力，这也会影响网络的形成与生长速度，可以理解为热力学体系中的压力 P；而热力学体系中的体积 V 主要和体系的膨胀过程相联系，体系膨胀表示体系要素之间的距离增大。考虑到区域产业生态网络的两维性，可以近似地将网络系统的“隔阂度” R 看成是热力学体系中的体积 V，并具有相同的量纲。根据热力学原理（傅献彩、陈瑞华，1980），考虑到大量的厂商可以在市场环境下自由进入或退出区域产业生态网络，具有统计学特征，三者之间大概有如下关系：

$$PV = PR = ZT \tag{7-2}$$

式中，Z 为网络要素的常数，具有统计学意义，反映网络中厂商的数量和特征（如组织文化、产业归属、业务范围等）。式 7－2 可以称为区域产业生态网络系统的“状态方程”（傅献彩、陈瑞华，1980）。

该“状态方程”表明，在一定的经济发展阶段、经济景气程度和技术水平下（T 不变），政府的政策和规制形成的压力 P 与厂商的“隔阂度”或“距离” R 成此消彼长的关系，压力越大，“隔阂度”越小，反之亦然。压力 P 无限小，则厂商间的“隔阂度”可以无限大，网络缺乏形成的条件；压力越大，则“隔阂度”越小，厂商之间越需要建立产业共生耦合关系。

大量消费生产的工业文明模式，虽然重视产品的价值过程，但忽略了自然资源和环境资源的价值，必然会向自然界排放大量的废弃物。就经济—社会—环境子系统来说，把能源和自然资源的高级形式（或有序状态），如漫长的地球物理化学过程富集后的矿产资源、煤炭、石油等，通过燃烧或其他物理化学过程实现其效用后，变成低级形式（或无序状态），如能源燃烧后，一部分以热能的形式耗散到环境，只有一部分被转变成有用能，剩下的是粉煤灰，用途变窄，于是自然环境与社会子系统的混乱度增加。就经济—社会—环境广义大系统来讲，承受了大量的废弃物排放，自然资源被过度消耗，自然环境被过度损害，混乱度也在增加。

根据热力学原理，系统混乱度可以用物理化学的一个状态变量——熵（S）来度量，混乱度增加，则熵增加；系统从无序到有序，则熵减少。如上所述，现代工业化和城镇化过程消耗资源、破坏环境，必须从自然环境子系统开采自然资源或利用环境容量排放污染物，向经济和社会子系统不断输入低熵资源，使得自然环境子系统的熵不断增加，这种发展模式受到资源环境的约束，长期来看是不可持续的。经济—社会—环境大系统应当采用新的组织形态，例如区域产业生态网络，使得自然资源在体系内再资源化、再利用、循环使用，以降低大系统熵增速度。

如前所述，一定程度被现代文明破坏的经济—社会—环境大系统，实际上可以看成是一个无序或低序的耗散结构，在某些涨落因素的影响下，可能形成比较有序的发展模式。生态产业园、区域产业生态网络以及传统产业体系的生态化改造等，都可以看成是对现代工业文明的有序改造过程，符合耗散结构从无序或低序到有序演化的规律。

像区域产业生态网络这样一个开放定常系统，在时间间隔 $\mathrm{d}t$ 内，熵的改变量为 $\mathrm{d}S$，由系统与外界交换物质和能量所引起的熵流 d_eS，以及系统内部本身的不可逆过程所引起的熵 d_iS 两部分构成（冯薇，2008）：

$$\mathrm{d}S = \mathrm{d_e}S + \mathrm{d_i}S \tag{7-3}$$

对于有效的区域产业生态网络来讲，$\mathrm{d_e}S$ 可以看成是在外界压力如政府的环境规制或政策影响下，企业自组织进行技术创新、加入产业生态网络集聚、与其他企业形成共生耦合关系，减少资源消耗与废弃物排放，共享技术创新平台或区域品牌或集群剩余，从而降低系统熵值，$\mathrm{d_e}S<0$。$\mathrm{d_i}S$ 可以看成是企业为了利润最大化和保持竞争力，自发寻找有效市场，增加自身产出，节省成本，获得规模经济、范围经济；基于对利润最大化的追求，企业必然追求大量消费大量生产的熵增模式，因此，$\mathrm{d_i}S>0$。要使得 $\mathrm{d}S<0$，取决于在多大程度上通过政府政策或规制和市场环境的压力，迫使厂商参与区

域产业生态网络，通过产业共生耦合产生出绝对值比 d_iS 更大的负熵流 d_eS。

综上所述，在明确了区域产业生态网络系统的几个状态变量的意义后，根据热力学原理，可以定义区域产业生态网络系统的几个热力学函数，并呈现下述关系：

热函 H，方便通过内能 U 与热函 H 来研究产业生态网络系统与环境的能量交换，公式如下：

$$H = U + PR \tag{7-4}$$

结合能 G，可以理解为产业生态网络系统在等温（T）等压（P）条件下的位能，产业生态网络系统如发生自发变化，自由能总是减少，公式如下：

$$G = H - TS \tag{7-5}$$

功函 F，可以理解为产业生态网络系统在等温（T，经济景气度不变）条件下做功的本领，公式如下：

$$F = U - TS \tag{7-6}$$

根据热力学第一定律，$\mathrm{d}U = \Delta Q + \Delta W$，即过程中系统内能的变化等于体系所吸收的热减去体系对环境所做的功。在不存在市场壁垒的条件下，厂商自由进出产业生态网络，产业生态网络生长过程可逆。如果只存在厂商消除或减少“隔阂”的能量变化，则 $\Delta Q = T\mathrm{d}S$，$R\mathrm{d}P = 0$，则有：

$$\mathrm{d}U = T\mathrm{d}S - P\mathrm{d}R \tag{7-7}$$

据此可以得到区域产业生态网络的其他几个基本公式：

$$\mathrm{d}H = T\mathrm{d}S + R\mathrm{d}P \tag{7-8}$$

$$\mathrm{d}F = -S\mathrm{d}T - P\mathrm{d}V \tag{7-9}$$

$$\mathrm{d}G = -S\mathrm{d}T + R\mathrm{d}P \tag{7-10}$$

从这些基本公式可以导出关于区域产业生态网络的很多有用的关系式①：

$$T = \left(\frac{\partial U}{\partial S}\right)_R = \left(\frac{\partial H}{\partial S}\right)_P \tag{7-11}$$

$$P = -\left(\frac{\partial U}{\partial R}\right)_S = -\left(\frac{\partial F}{\partial R}\right)_T \tag{7-12}$$

$$R = \left(\frac{\partial H}{\partial P}\right)_S = \left(\frac{\partial G}{\partial P}\right)_T \tag{7-13}$$

$$S = -\left(\frac{\partial F}{\partial T}\right)_R = -\left(\frac{\partial G}{\partial T}\right)_P \tag{7-14}$$

由这些关系式可以推导出关于区域产业生态网络重要的麦克斯韦关系式（傅献彩、陈瑞华，1980）：

$$\left(\frac{\partial T}{\partial R}\right)_S = -\left(\frac{\partial P}{\partial S}\right)_R \tag{7-15}$$

$$\left(\frac{\partial T}{\partial P}\right)_S = \left(\frac{\partial R}{\partial S}\right)_P \tag{7-16}$$

$$\left(\frac{\partial S}{\partial R}\right)_T = \left(\frac{\partial P}{\partial T}\right)_R \tag{7-17}$$

$$\left(\frac{\partial S}{\partial P}\right)_T = -\left(\frac{\partial R}{\partial T}\right)_P \tag{7-18}$$

麦克斯韦关系式可以用于估算区域产业生态网络内能随关联度或“隔阂度”变化的关系，实证网络中厂商之间的最佳“隔阂度”或融合度：

$$\left(\frac{\partial U}{\partial R}\right)_T = T\left(\frac{\partial S}{\partial R}\right)_T - P = T\left(\frac{\partial P}{\partial T}\right)_V - P \tag{7-19}$$

也可以求产业生态网络系统的熵 S 与压力 P 的关系，实证政策措施与网络运行环境对网络系统的有序程度，即网络运行效率的影响：

$$\Delta S = S_2 - S_1 = -\int_{P_1}^{P_2} \alpha R \mathrm{d}P = Z\ln\frac{P_1}{P_2} \tag{7-20}$$

---

① $\left(\frac{\partial H}{\partial S}\right)_P$ 表示压力 P 不变条件下热函对熵的偏导数，依次类推。

式中，$\alpha = \frac{1}{R}\left(\frac{\partial R}{\partial T}\right)_P$ 为区域产业生态网络系统的膨胀系数，根据式7－2，$\alpha R = \frac{Z}{P}$。式7－20表明，如果环境政策压力增大，则网络系统的熵将减少，有序程度增加。

因此，如果合理度量“隔阂度”，则用实证的方法可以对这些问题进行验证，但需另行撰文深入研究。

7.5 政策启示

（1）实施减熵政策。政府有义务通过宏微观经济政策、环境政策或规制等，使$|d_eS| > |d_iS|$。厂商以实现利润最大化为前提，政府必须增大压力P，设计规制使外部成本内部化，迫使厂商降低彼此的“隔阂度”R，采取措施治理环境，或者改变组织方式，或者进行技术创新等，降低自然资源消耗，减少污染物排放，净化环境，才能不断地从环境系统向产业生态网络系统内输入低熵资源和信息，才能维持产业生态网络的低熵或熵减状态，确保其资源环境绩效良好，支撑产业生态网络及经济—社会—环境大系统的可持续发展。

（2）优化厂商“隔阂度”。理论上讲，区域产业生态网络一定存在一个最佳“隔阂度”或“距离”R，使得网络处于内能最低状态下的定态或稳态中，此时产业生态网络应该具有最佳的经济效率和自然资源与环境绩效，即处于资源节约、环境友好的“低消耗、低排放、高产出”状态。政府管理部门应该以信息技术为依托，搭建网络内厂商合作交流的大平台，营造网络内的组织文化氛围，增进厂商之间的了解，降低厂商之间的“隔阂度”或“距离”。同时又要设计合理的规制，避免厂商之间的过度兼并和垄断，维持“隔阂度”在合理的范围之内。

（3）改善政策可行性。政府出台的环境政策、产业政策、循环经济政策等，对厂商形成压力P，迫使厂商减小彼此的“隔阂度”。但政策应当有一定的可行性，使企业能够自发地加入区域产业生态网络，或将压力转变为自身的技术创新动力，使得企业在一系列政府政策或规制压力P下，能够形成新的竞争优势，才有利于区域产业生态网络的形成、生长与稳定。

（4）提高厂商净利润。产业集聚理论表明，成功集聚（如产业生态网络）的企业都必然具有一定的成本优势，并通过品牌共享、社会营销网络共享等实现“集聚剩余”（陈雪梅，2003）。构建区域产业生态网络过程中创造的市场条件，能改善网络内企业或产业的经营状况，有利于维持或提高其竞争力；否则，厂商没有真正受到激励，产业生态网络将难以形成。因此，区域产业生态网络的设立和招商引资应当以企业为中心，一切以协助企业盈利为成功构建区域产业生态网络的基本前提。

8　区域产业生态网络的经济分析

——基于资源环境价值评估的成本效益模型

如前所述，生态产业园的建设占用大量的土地，打破了各地区原有产业布局，现存企业向产业园区搬迁产生大量的旧有厂房与设备成本，并带来就业人员交通、生活的不便等。产业生态网络的建立可以克服这一矛盾，但又带来网络或副产品交换体系内企业联系松散、沟通协调困难、运输成本过大、企业运作柔性差、体系稳定性差等问题。现有文献（Sterr & Ott，2004；Mirata，2004；Cote & Smolenaars，1997；Burstrom & Korhonen，2001）表明，产业生态网络有一定的可行性，在国际上已经有成功实例，但有关这方面的研究很有限，对其理论和方法问题无共识。因此，系统分析研究产业生态网络的成本效益关系及其影响因素，建立经济决策的理论和模型，优化网络规模和覆盖范围，并提出政策建议，对完善区域经济布局、优化产业结构、合理配置自然资源和改善生态环境，以及经济、社会、环境的协调发展具有重要的理论和现实意义。

8.1　假设前提

区域产业生态网络建设和传统意义上的生态产业园建设相比，企业搬迁成本、基础设施建设成本、土地成本等可以得到大大降低，两种组织形式互为机会成本，相比之下产业生态网络更节省成本。尽管许多国家的区域产业体系都选择构建传统意义上的生态产业园，但本模型主要考虑的是在现有区域产业体系基础上构建产业生态网络（对传统产业体系进行生态整合而不是推倒重建）的可行性，不考虑是应该选择产业生态网络还是生态产业园的问题。此外，对企业来说，参与生态工业网络获得的税收优惠、政府补贴都应该属于“收益”。但从整个经济地区或社会的角度来看，这不属于收益。

产业生态网络的成本主要体现在废弃物的物流运输成本、补充产业链环节所需要的投资、生产要素成本（包括人工成本、技术研发、原材料成本）、设备维护和运营成本、废弃物的再资源化成本、二次污染成本、网络内企业之间的交易成本（企业可能在地理距离相隔很远的地区）和信息平台或交易市场建构成本等。为简化起见，本模型近似忽略相对较小的二次污染带来的成本。

区域产业生态网络内企业参与废弃物的资源再利用后，从一手原材料改用回收的材料组织生产，由于技术工艺上的因素，可能降低了企业产出水平、产品质量和生产效率。这可以看成是企业承受的另一个机会成本，但考虑到网络内的这些企业收集的废弃物通常支付比一手原材料较低的价格，节省了原材料购入成本。成本效益大致均衡，本模型近似忽略这部分成本或收益。

建立成本效益分析的理论模型，无论是定性还是定量，都可以在一定程度上分析产业生态网络在经济上是否可行。根据产业生态网络的定义和特征，可以对成本—效益或投入—产出进行分析，建立相应的数学模型。生态产业网络涵盖的范围必须合理确定和优化，才能进行规模上的优化，达到成本效益上的优化，使得产业生态网络具有可行性。考虑到现代产业体系的发展和布局大都围绕以城市为核心的同心圆进行，产业生态网络的涵盖范围可以用区域半径来表述，如图 8 - 1 所示。

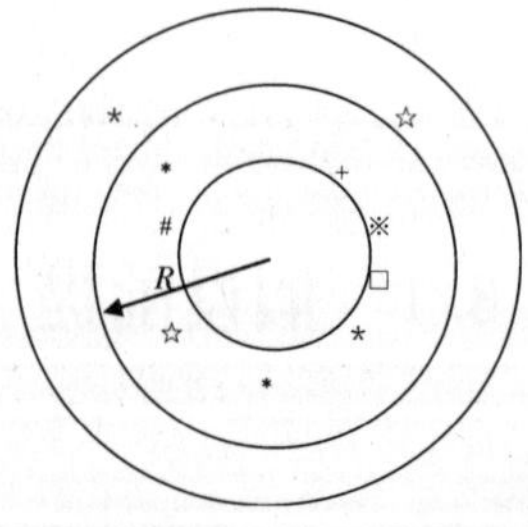

图例：※传统工业园区　#废弃物产生企业　☆废弃物分拣加工企业（分解者）
□城市垃圾产生　＊污水处理（分解者）　⋆固废处理（分解者）　+物流运输企业

图 8 - 1　产业生态网络区域半径 R 示意图

本模型构建基于某一个单独的区域产业生态网络为基本假设，模型优化分析以此区域网络涵盖范围的净收益最大化为目标。如果区域内同时存在几个区域生态网络，则应当以本区域收益总体最大化为目标，从而有不同的最优规模和区域半径。这种情形不是本章考虑的范围，需另撰专章研究。

技术水平、运输成本（与产业生态网络的区域半径、汽油价格相关）、固定资产投资成本、运营成本（劳动力成本、原材料或废弃物购入成本、水电费用、废弃物堆放场地地租、废弃物分离成本、废弃物加工成本）所反映的边际成本可以看成是企业的私人成本，即 *MPC*；构建区域生态网络的边际环境成本（如二次污染）可以看成是外部成本，即 *MEC*（但本模型忽略不计）。

所回收的有价组分或其载体资源的市场价值、由于资源循环利用而节省的自然资源的价值及其边际使用者成本 *MUC*（实质上是自然资源的稀缺租金，也可以看成收益的一部分），以及废弃物排放减少所节省的环境容量价值等反映的边际收益可以看成是边际社会收益，即 *MSB*。*MSB* 可以分为边际私人收益 *MPB* 和边际外部收益 *MEB*，而后者又可以分为边际环境收益 *ME′B* 和节省的边际使用者成本 *MUC*。

如果生态网络的净收益表示为收益（*B*）和成本（*C*）之差：

$$\pi = B - C \tag{8-1}$$

对式 8－1 两边求导，则 $\pi' = MSB - MSC = 0$，即 $MSB = MSC$

因 *MEC* 忽略不计，则

$$MSB = MPB + ME'B + MUC = MSC = MPC + MEC = MPC \tag{8-2}$$

边际收益等于边际成本时，区域产业生态网络的社会净收益最大。

8.2 经济分析模型

8.2.1 效益分析

从现阶段技术水平出发，假定区域产业生态体系对所回收废弃物的利用只是一部分而非全部（一部分没有市场需求，重新滞留在环境中），但回收而未利用的那部分废弃物显示中性，本身无经济价值，也不对环境构成损害，那么该体系在 *T* 年内回收使用废弃物获得的主要收益包括：

（1）有价组分的主要效益体现（*S*），在于产业生态网络所回收的有价组分的市场价值：

$$S=\varepsilon QP \tag{8-3}$$

式中，T 年内从产业体系内排放的废弃物中再循环、再使用或回收利用的含有价组分的资源产出量累计为 Q（吨），即 $Q=\sum_{t=1}^{T}Q_t$（下同），在区域产业主产品集的生产加工工艺和技术一定的条件下，主要取决于产业生态网络涵盖的区域大小，即区域半径 R（见图 8-1）。Q 可以看成是 R 的增函数，涵盖范围 R 越大，Q 越大，近似为 $Q=\rho' R^2$，ρ' 为区域内废弃物的单位面积排放密度，单位为吨/平方米；城市周边厂商分布密度和排放源强随着区域半径增加而减弱，ρ' 随半径增加而减少，简单设为 $\rho'=\frac{\rho}{R}$，ρ 为半径 $R=1$ 时的半径排放密度，则 $Q=\rho' R^2=\rho R$。ε 为再循环的资源产出中含有价组分的品位，用"%"表示，$0<\varepsilon<1$；P 为含有价组分的再循环资源的市场价格，单位为元/吨，如果替代产品市场价格为 P_s 元/吨，P 受替代品价格 P_s 的影响。

（2）节省的自然资源的价值（N）①。

$$N=\frac{\left[\frac{\varepsilon Q}{\omega}P_T{}^e\right]}{(1+r)^T} \tag{8-4}$$

由于废弃物的回收可以作为原材料利用，代替从自然界开采的资源，从而减少了原始自然资源的开采，T 为区域产业生态网络运行的累积年限，N 为 T 年内累积回收的资源在第 T 年的总体价值，以现值的形式体现，r 为社会折现率，用"%"表示，ω 为自然资源的边界品位，P_T^e 为所节约的尚未开采和加工处理提取有价组分的自然资源在第 T 年的期望价格（值）。其中，$\frac{\varepsilon Q}{\omega}$ 表示与处理废弃物量 Q 相对应的自然资源量。

（3）使用者成本的节省（U）。由于废弃物的回收循环使用，节省了作为本国资本存量（绿色 GDP 核算法）的原始自然资源。地壳内部对应的自

① 这一部分价值未体现在再循环资源的市场价格 P 之中，同时假定循环回收的资源累积到 T 年后才销售。

然资源本期被开采得越少，留给未来某一时期开采使用的稀缺资源就越多，体现了机会成本或使用者成本的减少。这一部分收益可以通过稀缺租金的形式来体现：

$$U = t \cdot \frac{\left[\dfrac{\varepsilon Q}{\omega} P_{T}^{\ e}\right]}{(1+r)^{T}} \tag{8-5}$$

式中，t 为以稀缺租金形式体现的隐性成本，往往表现为影子资源税。

（4）环境效益（E）。由于区域产业生态网络的建立回收了废弃物，减少了排放及环境损害，包括重金属、废气（水、固体）、BOD、COD 等对人体的伤害，对环境生态的损害，空气质量降低，水质恶化，对农业生产的不利影响，对气候的不良影响等。

$$E = \ln\left(K\frac{\varepsilon Q}{\theta}\right)^{a} = a\ln\left(K\frac{\varepsilon Q}{\theta}\right) \tag{8-6}$$

式中，K 为常数，反映废弃物的环境有害性，可以通过环境经济价值评估表述为货币数量，或表述为单位排放废弃物损害的环境价值；a 为环境损害特征常数（$a \leqslant 1$）；θ 为未加工处理前的废弃物中所含有价组分百分含量，用“%”表示。

废弃物的环境有害性 K 越大，表明回收废弃物对环境损害的降低越多，环境效益越好。区域产业生态网络涵盖或包括的区域半径 R 越大，Q 越大，从废弃物回收中获益的区域越大，环境效益越大，环境效益和 R 或 Q 应成正相关关系。以城市中心区为核心，向外延伸，R 越大的位置，一般污染排放强度越小，故产业生态网络的环境边际效益也越小。根据环境经济价值评价理论，将其表示为对数的形式。

废弃物中所含有价组分 θ 越多，则从较少的回收废弃物中就可以提取有价组分量 $\varepsilon \cdot Q$；废弃物中所含有价组分 θ 越少，则需要回收较多的废弃物提取有价组分量 $\varepsilon \cdot Q$，无序排放到环境中的废弃物越少，对环境造成的损害越小，环境效益就越大。产业生态网络的最终废弃物排放到自然界需要占用场地或农田，产生机会成本。在 θ 一定的情况下，$\varepsilon \cdot Q$ 越大，废弃物排放越小，该机会成本越小，即环境效益越大。环境效益最小值可以用区域内废弃物排放企业承受的排污费和行政罚款作为基本度量。

8.2.2 成本分析

废弃物回收利用主要支付的成本包括：

（1）运输成本（TC）。废弃物的回收加工利用环节需要通过区域产业链内的“补链”来形成，位置相对集中，故 TC 的大小主要取决于区域半径 R，通常意义下，R 越大，TC 越大；同时也取决于能源或燃油价格 P_e：

$$TC = \alpha P_e \frac{\varepsilon Q}{\theta} R^m \tag{8-7}$$

其中，$R>1$；α 为常数；m 是幂，和区域的道路、交通特征有关，道路设计越合理，质量越好，m 越小，反之越大；$\frac{\varepsilon Q}{\theta}$反映了从区域产业生态网络中收集的废弃物的运载量。

（2）场地堆放或仓储成本（WC）。它主要取决于废弃物的体积或重量，即$\frac{\varepsilon Q}{\theta}$的大小，在 θ 一定的情况下，含有价组分的再循环资源的产出 $\varepsilon \cdot Q$ 越多，收集的废弃物越多，需要堆放和仓储成本越大；在 $\varepsilon \cdot Q$ 一定的情况下，θ 越小，需要收集的废弃物越多，WC 也越大。

$$WC = \left(\frac{\varepsilon Q}{\theta}\right)^b L^u \tag{8-8}$$

式中，b 为反映废弃物物理特征的常数；L 代表传统意义上的劳动成本；u 反映劳动要素市场与区域产业生态网络各环节的独特供求特征。

（3）废弃物的分拣和加工成本（RC）。

$$RC = \left(\frac{\varepsilon Q}{\theta}\right)^c L^u \tag{8-9}$$

式中，c 为反映废弃物物理特征的常数，与废弃物提取有价组分的具体工艺有关；收集的废弃物数量即 $\frac{\varepsilon Q}{\theta}$ 越大，RC 越大。

（4）区域产业生态网络固定资产的折旧（D）。$D = I \cdot \delta \cdot Q$，$\delta$ 为折旧

率，用“%”表示；投资密度 I，单位为元/吨回收资源。影响 I 的一个因素是产业生态网络的技术水平，在较高的技术水平下，设备投资较小，或者技术更新改造带来额外投资费用，从而增加投资额。产业生态网络越大，R 和 Q 越大，收集废弃物越多，需要有更大的“分解者”才能来分解这些“排放物”，则投资规模越大，折旧越大。

（5）厂商之间的交易成本或网络管理协调成本（DC）。

$$DC = hR^{\beta} \tag{8-10}$$

式中，h、β 反映了厂商之间的诚信程度、网络联系、物理距离及管理理念等。区域半径 R 越大，网络内厂商数量越多，相隔越远，联系越松散，厂商之间的协调成本、信息平台建设成本、交易成本等越大。

8.3 成本效益均衡与最优区域半径

将上述各成本效益项代入式 8-1，可以将区域产业生态网络的净经济收益近似表示为：

$$\begin{aligned}\pi &= B - C \\ &= (S+N+U+E) - (TC+WC+RC+D)\end{aligned}$$

$$\pi = \varepsilon QP + \frac{\frac{\varepsilon Q}{\omega}P_T{}^e}{(1+r)^T} + \frac{t\frac{\varepsilon Q}{\omega}P_T{}^e}{(1+r)^T} + \ln\left(K\frac{\omega Q}{\theta}\right)^a - \left[\frac{\alpha P_e \varepsilon Q}{\theta}R^m + \left(\frac{\varepsilon Q}{\theta}\right)^b L^u + \left(\frac{\varepsilon Q}{\theta}\right)^c L^u + I\delta Q + hR^{\beta}\right] \tag{8-11}$$

约束条件：$\pi \geqslant 0$，$R \geqslant 0$。

为便于分析，根据成本效益各变量的经济学意义及其之间的逻辑关系，将上述模型进行简化，令 b、c、m、β 各变量均取值为 1，并将 $Q=\rho R$ 代入式 8-11，则有：

$$\pi = \varepsilon\rho RP + \frac{(1+t)\varepsilon\rho RP_T{}^e}{\omega(1+r)^T} + a\ln\left(K\frac{\varepsilon\rho}{\theta}\right) + a\ln R - \left[\frac{\alpha P_e \varepsilon\rho R}{\theta}R + \left(\frac{\varepsilon\rho R}{\theta}\right)L^u + \right.$$

$$\left(\frac{\varepsilon\rho R}{\theta}\right)L^{u} + I\delta\rho R + hR\Big] \tag{8-12}$$

为优化产业生态网络的区域半径，使得净效益为最大，则

$$\frac{d\pi}{dR} = \varepsilon\rho P + \frac{(1+t)\varepsilon\rho P_T{}^{e}}{\omega(1+r)^{T}} + \frac{a}{R} - \left[\frac{2R\alpha P_e \varepsilon\rho}{\theta} + 2\frac{\varepsilon\rho}{\theta}L^{u} + I\delta\rho + h\right] = 0$$

所以 $\theta\varepsilon P + \frac{(1+t)\varepsilon\theta P_T{}^{e}}{\omega(1+r)^{T}} + \frac{a\theta}{\rho R} - \left[2R\alpha P_e\varepsilon + 2\varepsilon L^{u} + I\delta\theta + \frac{h\theta}{\rho}\right] = 0$

如果令 $Z = \frac{h\theta}{\rho} + 2\varepsilon L^{u} + I\delta\theta - \theta\varepsilon P - \frac{(1+t)\varepsilon\theta P_T{}^{e}}{\omega(1+r)^{T}}$，则

$$2\alpha\varepsilon P_e R^2 + ZR - \frac{a\theta}{\rho} = 0 \tag{8-13}$$

因此，一元二次方程的求解公式是

$$R_{1,2} = \frac{-Z \pm \sqrt{Z^2 + 8\alpha\varepsilon P_e \frac{a\theta}{\rho}}}{4\alpha\varepsilon P_e}$$

根据 Z 项内各变量的经济学意义，投资和人工成本要远远大于其他变量的值，可以认为 $\frac{h\theta}{\rho} + 2\varepsilon L^{u} + I\delta\theta \geqslant \theta\varepsilon P + \frac{(1+t)\varepsilon\theta P_T{}^{e}}{\omega(1+r)^{T}}$，故 $Z \geqslant 0$。

而作为产业生态网络的区域半径 R 不能为负，故本模型只有一个解（根）：

$$R = \frac{\theta\varepsilon P + \frac{(1+t)\varepsilon\theta P_T{}^{e}}{\omega(1+r)^{T}} - \frac{h\theta}{\rho} - 2\varepsilon L^{u} - I\delta\theta + \sqrt{\left(\theta\varepsilon P + \frac{(1+t)\varepsilon\theta P_T{}^{e}}{\omega(1+r)^{T}} - \frac{h\theta}{\rho} - 2\varepsilon L^{u} - I\delta\theta\right)^2 + 8\alpha\varepsilon P_e\frac{a\theta}{\rho}}}{4\alpha\varepsilon P_e} \tag{8-14}$$

从式 8－14 可见，废弃物有价组分价格 P 和预期价格 P_T^e上升，回收产出收益增加；毒性 a 增加，环境效益改善更多；资源税 t 增加，最优区域半径 R 增大。而能源价格 P_e上升，或交通条件恶化，α 增大，交通成本增加；投资和折旧费用增加，区域产业生态网络的构建成本随着 R 增加而显著增加；劳动力成本 L^u增加，运营成本增加；利率或社会折现率 r 增加，资金机会成

本增加；废弃物中有价组分 ω 增加，排放密度 ρ 增加，最优区域半径 R 减小。因此，产业生态网络的最优区域半径主要受有价组分含量与价格、能源价格、道路运输条件、利率、劳动力成本、排放的废弃物的毒性或环境损害特性、投资等因素的影响，实际构建中需要合理确定并优化。

产业生态网络区域半径 R 的增大，除了增加运输成本 TC 和环境效益 E 外，在 $R=1$ 时的废弃物半径排放密度 ρ 一定的条件下，处理的废弃物数量增加，生产规模增大，存在一定的规模效益，降低了单位处理量的分拣和加工的固定成本，如管理成本和部分人力资源成本，同时有价组分产出量增加。但考虑到实际上这些规模效益或成本都和区域内废弃物的排放密度相关，且已经体现在各相关成本项中，本模型不单独体现。

基于单个产业生态网络的假设，产业生态网络区域半径大小必须确定在合理的范围内，使运输成本的增加、固定成本的减少、环境效益的增加等达到平衡，使网络的构建带来的经济、社会、环境效益达到最大。决定网络最优区域半径的因素除了运输成本外，还包括分类加工的成本、仓储成本、其他收益等。不过本模型的社会效益没有考虑就业增加、景观改善、居住环境改善、代际之间环境容量配置效率改善等所带来的福利。

产业生态网络成功运营的一个重要条件是，要保证废弃物供给的连续性和废弃物加工回收利用企业的生产连续性和稳定性，即生态网络的柔性。区域内收集的废弃物是本网络内某些企业的生产原材料，如果区域半径不够大，废弃物排放密度或速度会波动，某些时候收集到的废弃物就不够多，必然会影响废弃物分类和加工企业生产的连续性，从而使生态网络失去稳定性。从定性的角度来讲，生态网络越大，半径越大，系统稳定性越高，对生态网络系统的运行越有利。不同子区域内的废弃物排放密度、速率、排放点分布会影响区域半径的选择，排放密度越大，排放速率越高，排放点分布越集中，废弃物供给的连续性越好，较小的区域半径就可以保持园区的稳定性和柔性。

产业生态网络收集的废弃物的类别和性质亦会影响区域半径的选择，钢铁冶金类企业排放的废弃物可能是冶金炉渣、含有价组分的烟尘、废水、未利用的余热余能；对采掘加工类矿山企业，可能是废弃的排土、尾矿或工业废水；对石油化工和火力发电类企业，则是废渣、废气、废水和余热余能利用；对于终端消费的城市垃圾，则以废弃固体垃圾和生活污水为主；对机械电子类生产企业，更多的是以废弃固体为主。比较而言，矿山、冶金、城市一类废弃物区域排放密集度相对集中，对区域半径的大小要求较低，生态网络转变成高密度的网络的可能性更大，稳定性更好。

关于废弃物处理企业的数量、车间分布、管理方式、组织形态等，微观上应遵循技术工艺要求和传统的运作管理，没有特别之处，只是这一类企业属于绿色环保生态产业领域，是循环经济体系中的“分解者”，一方面可以得到政府和社区的大力支持，经常可以享受税收、融资等方面的优惠政策，带来额外收益；另一方面可以带来大量的环境价值，如果技术过关，有较强的生命力，随着人类对环境、自然资源稀缺性的日益重视，必然会有越来越多的社会效益从区域产业生态网络中得到体现。

8.4 展望与对策建议

构建区域产业生态网络要优于地理聚集型的生态产业园，具有一定的经济、社会、技术和环境的可行性。如果产业生态网络使得区域副产品交换体系成功运营，可以实现区域产业生产体系和城乡居民消费过程中产生的废弃物的循环使用、再利用和资源化，降低了来自于自然界、作为生产原材料的自然资源（如矿产资源、水、能源）的耗竭速度，也减少了废弃物对环境的污染，有效地保护了人类赖以生存、经济社会赖以发展的宝贵且目前面临巨大危机的生态环境。和地理聚集型生态工业园相比，区域产业生态网络的地理范围更大，参与共生耦合的企业可能更多，参与交换的废弃物种类和数量更大，使得系统稳定性和柔性增大（Desrochers，2002；Sterr & Ott，2004）。

构建区域产业生态网络的主要问题是，共生耦合的企业之间相隔可能很远，废弃物流的联系需要依赖公路、铁路、水路运输等才能实现，废弃物的交通运输成本大。如果产业生态网络的效益不能有效覆盖该运输成本，不能带来社会效益或企业利润，就不可能构建可持续的区域产业生态网络。同时，还使得共生耦合的企业之间联系松散，较难建立诚信和合作关系，沟通和协调成本增加，交易成本增加；物流运输可靠性不高，使系统柔性和稳定性降低。

构建产业生态网络可获得的收益主要体现在从排放的废弃物中回收的有价组分的市场价值及因此而节省的自然资源的市场价值和稀缺租金（或机会成本），因减少废弃物排放而获得保护的环境价值，以及可能节省的土地和其他成本等，对参与企业来讲还可以获得政府优惠政策（如税收）或补贴、金融支持等收益。主要的成本则体现在废弃物的堆放、仓储和交通运输成本，废弃物的收集、分拣和加工成本，二次污染成本，交易成本，以及区域产业生态网络的设备投资折旧与运营维护成本等。

根据本书提出的简化的成本效益模型的分析，合理地确定区域产业生态网络的区域半径是规模优化过程的关键因素。从产业生态网络参与企业较分散的特点，可以定性地估算，运输成本在各种成本中占比例较大。按照供应链管理和厂商生产的规律，随着区域半径的增加，网络内厂商数量增加，呈现废弃物收集、分拣、加工等生产的规模经济或范围经济，边际成本会有所下降。但当区域半径超过一定范围后，厂商和排放源密度减少，边际运输成本将随着区域半径增加而增加，仓储、收集等边际成本、协调管理甚至边际交易成本都将随着网络规模增大而增加（例如，$DC' = MDC = \beta R^{\beta-1}$，$\beta \geqslant 1$，$R$ 增加，MDC 增加）。总边际成本曲线 $\left(\frac{2R\alpha P_e \varepsilon\rho}{\theta} + 2\frac{\varepsilon\rho}{\theta}L^u + I\delta\rho + h\right)$ 近似地看成随着区域半径 R 增大而增大。产业生态网络半径越大，所覆盖的废弃物范围越大，带来的环境效益、资源节省效益与有价组分价值越大，较大区域生态环境的显著改善可以提高房地产价格、景观的附加价值、旅游产业发展，人力资源的增值（例如，劳动力生病时间更少，缺勤率更低；延长寿命和工作时间），城市品牌和其他资源的增值等，对人居环境改善、经济社会各行业的发展有望带来正的总效应，且因为废弃物交易市场更大，参与的企业更多，可以更好地保证向“分解者”供应废弃物的系统稳定性。当由于区域产业生态网络的作用，区域废弃物向环境的排放量降低到一定程度的时候，占比重较大的边际环境效益将递减，可以近似地认为总边际效益 $\left[\varepsilon\rho P + \frac{(1+t)\varepsilon\rho P_T{}^e}{\omega(1+r)^T} + \frac{a}{R}\right]$ 随着区域半径增加而减小。因此，最优区域半径实质上是成本曲线和效益曲线的交叉或均衡点。而且，根据上述分析模型的定量分析可知，能源价格、道路运输条件、废弃物毒性、环境损害特征常数以及所收集的废弃物数量或运载量是影响最优区域半径的主要因素。

如图 8－2 所示，区域半径增大使得参与废弃物交易、收集、加工和“分解”的企业数量增加，废弃物交换的范围越来越大，企业的资源环境战略可以从单体企业的清洁生产转向外向的共生耦合战略，运输和协调交易成本增大，而自然资源和环境的边际效益降低，最优区域半径必然是二者达到相等的状态。

将“分解”废弃物的职能从某一企业（可能是废弃物“生产者”）转移出去，一定条件下（经济、技术、社会、环境角度均可行）市场自然会衍生出废弃物的“分解者”，就像是自然界生物链中的“生产者”和“分解者”一样，使得区域内企业之间的共生耦合关系更加自发、有效和广泛，提高产业生态网络的稳定性和废弃物“分解”效率，更多的废弃物得到循环使用、再资源化，更少的污染物排放到环境之中，提高区域产业体系的生态效率，形成真正意义上的经济、社会、环境协调发展的生态大系统。

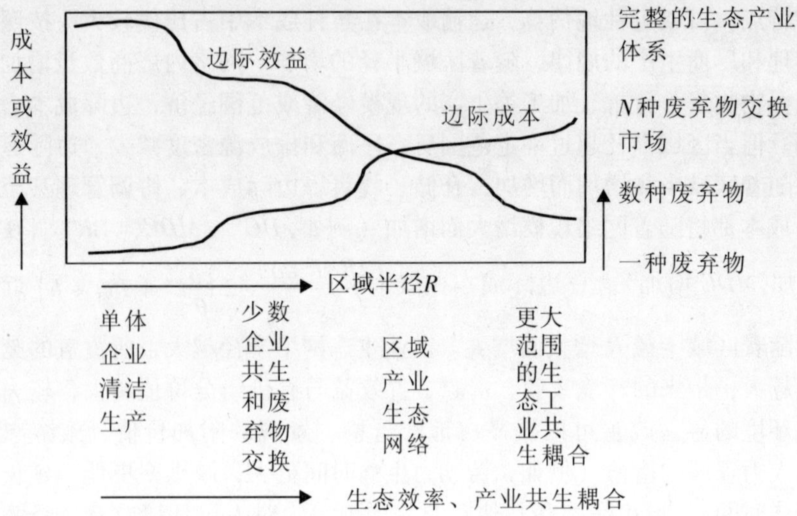

图 8－2　产业生态网络区域半径 R、产业共生耦合、生态效率、成本效益与废弃物交换范围

应该考虑的一个问题是，随着区域半径的增加，企业之间的沟通协调、诚信合作关系的建立难度增加，交易成本迅速增加。产业生态网络形成或构建的初期，一般的企业（特别是中小企业）可能看不到区域废弃物（或副产品）“分解”或“交换”的获利潜力和机会，缺少自行参与的积极性，需要产业生态网络的“核心成员”（Chertow，2007）或政府部门、中介组织的推动，例如对外部效益补助等。

作为产业生态网络的推动者，政府部门可以在政策优惠、区域规划、园区（网络）规划、基础设施改善、环保排放标准和法规、环境税收、环境污染许可证交易市场培育、环保产业培育等方面，使废弃物排放的资源环境成本内化，使得产业生态网络的环境效益体现在参与企业的收益或利润上；完善基础设施使废弃物运输的成本降低；通过构建信息系统，规范和培育副产品（废弃物）交换，促进参与企业之间的协调和沟通，建立诚信与合作关系，降低交易成本，提高交易效率；培育产业生态网络的龙头企业或关键企业（anchor tenant），成为吸引废弃物“分解者”投资、创造商业机会、推动产业生态网络发展的核心成员。

基于以上的分析，可以考虑出台或加强的政策有：

（1）建立产业生态网络的专项发展资金。通过项目配套资金、科研立项、无息贷款等政府补贴的形式，用于鼓励和支持参与企业的技术改造、设备投入、信息交换系统和平台的建设，也可用于奖励和激励取得较好的污染物减排效果的企业或项目。

（2）规范区域产业体系中共生耦合的设计规划。出台相关法规，强制要求各种城市或区域的建设规划、产业布局和规划、环境规划、交通规划、通信规划等，必须与区域产业共生规划相衔接。同时将城市生活垃圾（废弃固体、废水）一并纳入区域产业共生耦合设计之中。

（3）制定针对区域产业生态网络的优惠政策。关键是对区域产业生态网络及其产业共生关系的界定，取得生态环境保护、资源节省、能源效率提高等效益的评价和计量，必须制定一套可行的方法，并确定合理的税收优惠额度。

（4）制定更加严格的环保配套法规。企业对环境造成的外部影响，特别是环境被破坏，应当有严密的法规体系，通过环境补偿费（或环境破坏税）、排污费、排污许可证交易等手段，内化这些外部环境成本与效益。对新设立的企业及现存企业技术改造等新上项目，在环境影响评价制度中，应该强化对产业共生耦合关系进行评价的要求，使废弃物、污染物排放达到更加严格的标准，促进产业共生耦合和产业生态的发展，从源头上降低资源使用量、减少排放和对环境的污染。可以参考先进国家如美国在环保政策法规方面的成功做法，重点培育污染许可证配置机制和交易市场，提高经济政策的实施效率。

（5）强化消费者的生态环境保护意识。通过教育、宣传、产品设计、包装设计、去物质化、机器零配件循环使用设计、发展绿色制造等，从消费行为层面，促进污染物减排。

国外有些学者的研究表明，依赖市场机制自发形成的产业生态网络具有更高的效率和生命力（Heeresa et al.，2004；Desrochers，2004），著名的丹麦 Kalundborg 生态工业园就是在相关环保法规、产业政策、税收优惠或政府补贴等措施激励下自发形成的。如果这一个研究结论是生态工业园或产业生态网络形成的普遍规律，那么，政府部门或其他形式的推动者对产业生态网络的引导和协调作用，主要应该体现在初始阶段，更重要的作用恐怕还是对废弃物或副产品交换市场的培育及其秩序的维持、交易信息平台的搭建、园区内企业的沟通和诚信合作关系的建立、交易成本的降低，特别是自然资源和环境成本的内化，使得企业对废弃物的加工回收环节的投入、延长产业链的经济行为等变得有利可图。只有这样，才能调动企业的积极性，减少在生产过程中自然资源的消耗，循环使用自然资源（水、能源、物料），资源化废弃物，从源头上降低向环境排放废弃物的数量。

9 区域产业生态网络的经济分析

——基于厂商视角的模型

本章以厂商利润最大化为其决策依据，从厂商参与区域产业生态网络所获得的收益和额外承担的成本角度，分析研究一般性厂商参与区域产业生态网络后的边际成本效益及其影响因素，建立厂商参与的经济计量决策模型，研究厂商参与区域产业生态网络的决策机制，并为政府部门出台导向性的产业政策，构建必要的基础配套设施和公共产品，激励厂商参与、成功构建区域产业生态网络，并推动区域副产品交换市场的发展等提出政策建议。

9.1 厂商决策的经济模型

作为经济全球化市场条件下运营的厂商，一方面要面对日益激烈的竞争环境，另一方面又要面对日益严格的环境规制约束，污染物排放和自然资源消耗的成本将不可避免地内化到自身的经营成本和决策之中，需要考虑的一个问题是如何才能降低自身的经营成本，包括环境成本、自然资源稀缺成本和其他社会成本，使自身净利润或净收益最大化，提高自身在国际市场上的核心竞争力。降低资源环境成本的主要途径不外乎通过技术创新改造传统的工艺技术过程，以节约原材料、降低废气污染物排放和引致成本，或者开发新的、符合可持续发展要求的资源节约和环境友好型的产品或服务，才符合国际可持续发展的潮流与趋势。

厂商自身通过技术创新，发展清洁生产，可以在一定程度上达到上述目的，但受技术发展水平和经济要素所限，不能完全达到可持续发展的要求。在区域产业共生耦合的基础上衍生出来的区域产业生态网络可以有效克服或补充这一限制，将厂商自身清洁生产无法处理的废弃物交由“分解者”统一处理。作为厂商本身，是否参与到区域产业生态网络之中，与其他厂商建立共生耦合关系，完全取决于参与区域产业生态网络所带来的效益和引致成本是否平衡，厂商仍然以净利润最大化作为决策依据。因此，本章将从厂商的角度，构建其参与区域产业生态网络的决策模型。

本模型不考虑厂商在市场条件下参与产业生态网络以前的生产经营主营产品或服务的成本效益等因素，忽略不同的产业共生网络模式（郭莉，2009）的差别，也忽略不同产业的特征差别和技术水平的影响，仅考虑作为“分解者”的一般性厂商的行为。首先假定厂商以“分解者”的形式参与，而不是简单的副产品交换，后者只是前者的特例。本模型忽略就业增加、景观改善、居住环境改善、代际之间环境容量配置效率提高等所带来的社会效益或其他福利，以及厂商扩大带来的规模效益与范围经济。

9.1.1 厂商参与区域产业生态网络的收益

（1）有价组分的主要效益体现（S）。工业文明消耗了大量的自然资源，包括能源、环境容量，国际市场上的自然资源（如石油、煤炭、有色金属、铁矿石等）日益稀缺，保有储量越来越少，价格日益高涨，价值凸现，从废弃物中回收有价资源显得日益重要。这部分收益主要取决于国际市场价格和废弃物的回收利用技术。厂商所回收的有价组分的市场价值可表示为：

$$S = \sum_{i}^{n} \sum_{j}^{m} \varepsilon Q_{ij} P_{ij} \tag{9-1}$$

区域产业生态网络中，厂商排放的污染物有 m 种，n 种有价组分，为简化起见，假定厂商只排放一种污染物，仅存在一种有价组分，则有 $S=\varepsilon QP$。其中，T 年内厂商从产业体系内排放的废弃物中再循环、再使用或回收利用的含有价组分的资源①产出量累计为 Q，单位为吨，即 $Q = \sum_{t=1}^{T} Q_t$（下同），在区域产业主产品集的生产加工工艺和技术一定的条件下，主要取决于产业生态网络涵盖的区域大小，可以用围绕区域中心的同心圆的半径来表示，称为“区域半径” R（李广明、黄有光，2010），Q 可以看成是 R 的增函数，涵盖范围 R 越大，Q 越大，近似为 $Q = \rho' R^2$，ρ' 为区域内废弃物的单位面积排放密度，单位为吨/平方米。一般来讲，城市周边厂商分布密度和排放源

---

① 厂商可能有多种资源回收，存在多种有价组分，但这里简化为一般性的资源和有价组分，产出量和价格也只有一种。

随着区域半径增加而减弱，ρ' 随半径增加而减少，简单设为 $\rho' = \frac{\rho}{R}$，ρ 为半径 $R=1$ 时的半径排放密度，则 $Q = \rho' R^2 = \rho R$ 。ε 为再循环的资源产出中含有价组分的品位，用“%”表示，$0<\varepsilon<1$；P 为含有价组分的再循环资源的市场价格，单位为元/吨，如果替代产品市场价格为 P_s 元/吨，P 受替代品价格 P_s 的影响。

（2）环境效益（E）。由于厂商参与区域产业生态网络，回收了废弃物，减少了排放及环境损害，包括重金属、废气（水、固体）、BOD、COD 等对人体的伤害，对环境生态的损害，对空气质量、水质、农业生产、气候的不良影响等。环境得到保护，对应的环境经济价值，理论上讲，应该等于政府管理部门通过政府补贴、环境排污费、排污许可证购买费等环境规制手段所体现的环境成本，产业生态网络的成员厂商从而获得补贴或者因为环境费用的节省而增加收益。

$$E = \ln\left(K\frac{\varepsilon Q}{\theta}\right)^a = a\ln\left(K\frac{\varepsilon Q}{\theta}\right) \tag{9-2}$$

式中，K 为常数，反映废弃物的环境有害性，可以通过环境经济价值评估表述为货币数量，或表述为单位排放废弃物损坏的环境价值；a 为环境损害特征常数（$a\leqslant 1$）；θ 为未加工处理前的废弃物中所含有价组分百分含量，用“%”表示。

废弃物的环境有害性 K 越大，表明回收废弃物对环境损害的降低越多，环境效益越好。区域产业生态网络涵盖的区域半径 R 越大，Q 越大，从废弃物回收中获益的区域越大，环境效益越大，环境效益和 R 或 Q 成正相关关系。以城市中心区为核心，向外延伸，R 越大的位置，一般污染排放强度越小，故产业生态网络内，每增加单位半径，厂商创造的环境边际效益也越小。根据环境经济价值评价理论，将其表示为对数的形式。

废弃物中所含有价组分 θ 越多，则只需要从较少的回收废弃物中就可以提取有价组分量 $\varepsilon \cdot Q$；废弃物中所含有价组分 θ 越少，则需要回收较多的废弃物提取有价组分量 $\varepsilon \cdot Q$。无序排放到环境中的废弃物越少，对环境造成的损害越小，环境效益就越大。产业生态网络的最终废弃物排放到自然界需要占用场地或农田，产生机会成本，θ 一定的情况下，$\varepsilon \cdot Q$ 越大，废弃物排放越少，该机会成本越小，即环境效益越大。而环境效益最小值可以用区域内废弃物排放企业承担的排污费和行政罚款作为基本度量。

（3）厂商无形资产增值（B_r）。厂商参与产业生态网络履行了保护环境和节约资源的社会责任，可以显著改善公共关系，提高社会认可度、诚信度和知名度，增加无形资产，表现为厂商品牌的增值。只要厂商参与了产业生态网络，就基本上可以实现品牌价值的增值，与 R、Q 等关系不大，如果没有刻意地进行公共关系的宣传 A_d 的投入，短期内可以近似看成与该投入成正比。

$$B_r = \xi A_d \tag{9-3}$$

（4）技术创新补偿（T）。本来就面对环境损害和外部性成本内化的环境管制压力，参与的厂商，如果是自行投资回收利用自身产生的废弃排放物，将面临投资区域产业生态网络失败的挑战和技术创新的压力，这就需要厂商增加投入，积极参与网络内的产业共生耦合机制，这将大大促进技术创新，有利于获得诸多收益。

例如，产品补偿，不仅减少了污染，而且创造了功能更强、质量更好、更安全、更便宜（可能是原材料的替换或减少包装）、有更高回收价值的产品（可能是提供了循环回收和拆卸分类方面的便利）；加工过程补偿，不仅导致了污染的降低，而且产生了更高的资源生产率，诸如更高的加工产出效率、较少的检修停工期（由于更仔细地监督和维护）、原料的节省（由于原料的替换和对投入品的重新使用和循环利用）、对副产品更好的利用、在生产过程中更低的能量消费、原材料仓储存量以及处置成本的降低，将废料转化为更有价值的形式、更安全的工作环境等；获得国际市场的先动优势和竞争优势等（傅京燕，2004）。这种创新补偿和品牌增值类似，主要取决于厂商是否参与，与 R、Q 等因素关系不大，但可以近似看成和创新投入 I_i 成正比：

$$T = \emptyset I_i \tag{9-4}$$

如果产生废弃物的厂商仅仅是通过废弃排放物（副产品）的交换参与到网络之中，也可以通过市场交易获得收益。如果废弃排放物含有有价组分，则厂商获得正收益，价格为正；如果废弃排放物不含有价组分，价格为负。由接收方负责废弃排放物的处理，由于废弃排放物污染环境，直接排放到环境中损害环境价值，厂商可以将被内化的环境成本，以低于环境成本的价格把废弃排放物转移出去，这样参与交易，也同样可以获得收益。

以废弃物交易的形式参与到产业生态网络表面上看起来不利于厂商本身

的技术创新，即存在技术创新悖论。但有学者（郭莉、Lawrence Malesu、胡筱敏，2008）认为清洁技术与共生技术都存在时效性和局限性，需要不断进行技术升级。伴随着清洁技术和共生技术的升级，清洁生产（技术创新）与产业共生（副产品交换为主）是协调进化的，二者之间甚至可以互相替代。因此，从全社会的角度来看，可以认为厂商的两种参与模式同时存在上述的产品补偿和加工过程补偿等收益，这种收益在厂商之间通过交易形式进行分配。但具体到某一个厂商，自主投资"分解"或外卖废弃排放物的决策依据应该不同，本模型主要考虑的是区域产业生态网络之中的"分解者"。如果厂商发现作为实际"分解者"的净利润为负，则选择副产品交换的形式参与网络，也可直接将废弃物外销。

（5）集聚收益（J）。厂商参与到区域产业生态网络之中，可以认为是一种产业集聚，成员厂商必然分享"集群剩余"（陈雪梅等，2003），与集聚以外的厂商相比，多了一份收益。这些收益主要体现在学习效应、创新压力效应、知识传播与扩散效应以及创新成功效应等，厂商的规模效应、范围经济（主要来自厂商之间的协同效应）也可以认为包含其中。随着区域产业生态网络的扩大，厂商之间的这些效应会逐步增大，但区域半径增加到一定程度后，可以认为趋于不变。

$$J=\zeta\ln R \tag{9-5}$$

9.1.2 厂商参与区域产业生态网络的成本

受利益分配的影响和技术条件的限制，复杂的产业共生中的厂商之间对废弃物的供求关系存在刚性（秦颖、武春友、武春光，2004；郭莉，2009），即共生耦合系统的稳定性有时候难以保障，为厂商带来额外成本。为简化起见，本模型忽略该成本。

（1）运输成本（TC）。区域产业生态网络内厂商的废弃排放物比较分散，需要集中到某一个或几个厂商统一处理，才可以保持过程的连续性，获得规模经济、集聚效应和范围经济等。考虑到产业生态网络的特点，收集过程中产生的运输成本是比较重要的一项成本。

废弃物的回收加工利用环节需要通过区域产业链内的"补链"来形成，位置相对集中，故 TC 的大小主要取决于区域半径 R，通常意义下，R 越大，运输成本越大；还取决于能源或燃油价格 P_e。

$$TC = \alpha P_e \frac{\varepsilon Q}{\theta} R^m \tag{9-6}$$

其中，$R>1$；α 为常数；m 是幂，和区域的道路、交通特征有关，道路设计越合理，质量越好，m 越小，反之越大；$\frac{\varepsilon Q}{\theta}$反映了某厂商从区域产业生态网络中收集的废弃物的运载量。

（2）场地堆放或仓储成本（WC）。为了保证生产的连续性和稳定性，厂商需要建立一定的仓储场所，存储一定数量的废弃排放物，所产生的成本，主要取决于废弃物的体积或重量，即$\frac{\varepsilon Q}{\theta}$的大小，$\theta$ 一定的情况下，含有价组分的再循环资源的产出 $\varepsilon \cdot Q$ 越多，收集的废弃物越多，需要堆放和仓储成本越大；$\varepsilon \cdot Q$ 一定的情况下，θ 越小，需要收集的废弃物越多，WC 也越大。

$$WC = \left(\frac{\varepsilon Q}{\theta}\right)^b L^u \tag{9-7}$$

式中，b 为反映废弃物物理特征的常数；L 代表传统意义上的劳动成本，u 反映劳动要素市场与产业生态网络各环节的独特供求特征。

（3）废弃物的分拣和加工成本（RC）。其体现为废弃物在加工处理过程中产生的生产成本。

$$RC = \left(\frac{\varepsilon Q}{\theta}\right)^c L^u \tag{9-8}$$

式中，c 为反映废弃物物理特征的常数，与废弃物提取有价组分的具体工艺有关；收集的废弃物数量即 $\frac{\varepsilon Q}{\theta}$ 越大，RC 越大。

（4）创新投入与固定资产折旧（D）。作为废弃排放物“分解者”的成员厂商，需要技术创新投入，研发适合的生产工艺技术，进行有价组分的回收利用。同时，需要购买厂房设备等固定资产，组织废弃物的加工处理和有价组分的回收利用。相关固定资产和技术创新投入可以统一表现为折旧成本。

$$D = (I_i + I_f) \cdot \delta \cdot Q \tag{9-9}$$

式中，δ 为折旧率，用“%”表示；I_i 和 I_f 分别为技术创新和固定资产投入的投资密度，单位为元/吨回收资源。影响 I_i 和 I_f 的一个因素是产业生态网络的技术水平，较高的技术水平下，设备投资较小，而技术创新改造也仅需要较小的投入费用。产业生态网络越大，R 和 Q 越大，收集废弃物越多，需要有更大的“分解”产能来分解这些“排放物”，且投资规模越大，折旧越大。

（5）厂商之间的交易成本（DC）。废弃排放物的“生产者”和“分解者”之间需要达成交易才能使区域产业生态网络正常运营，交易双方需要进行信息搜寻、筛选、沟通、谈判等，才能确定契约并成交。信息搜寻、厂商之间的诚信度、人员的社会网络关系、文化特征、契约的实施监督等构成交易成本。根据孙广生、田海峰（2006）的研究，产业生态的组织形式，如纵向一体化或市场交易的形式，会产生不同的交易成本，但厂商出于系统稳定性考虑，通常需要从外部购买副产品或废弃排放物作为补充，进行循环再生利用，本模型近似忽略组织形式的影响。

$$DC = hR^{\beta} \tag{9-10}$$

式中，h、β 反映了厂商之间的诚信程度、网络联系、物理距离及管理理念等。区域半径 R 越大，网络内厂商数量越多，相隔越远，联系越松散，厂商之间的协调成本、信息平台建设成本、交易成本等越大。

（6）二次污染成本（D_s）。废弃排放物的加工处理受技术水平所限，必然有一部分不能回收，重新排放到环境中，或者产生新的污染物，对环境造成二次污染。有理由认为 D_s 主要取决于技术进步水平。为简化起见，本模型忽略二次污染成本。

9.1.3 厂商参与区域产业生态网络的净收益

厂商参与区域产业生态网络引致的净收益应该等于上述总收益减去总成本，忽略二次污染成本，即

$$\begin{aligned}\pi &= TB - TC \\ &= (S + E + B_r + T + J) - (TC + WC + RC + D + DC)\end{aligned}$$

$$\pi = \varepsilon QP + \ln\left(K\frac{\omega Q}{\theta}\right)^{a} + \xi A_d + \psi I_i + \zeta \ln R - \left[\frac{\alpha P_e \varepsilon Q}{\theta}R^{m} + \left(\frac{\varepsilon Q}{\theta}\right)^{b} L^{u} + \right.$$

$$\left(\frac{\varepsilon Q}{\theta}\right)^{c}L^{u}+(I_{i}+I_{f})\delta Q+hR^{\beta}\Big] \tag{9-11}$$

约束条件：$\pi\geqslant0$，$R\geqslant0$。

根据成本效益各变量的经济学意义及其之间的逻辑关系，为便于分析，将上述模型进行简化，令 b、c、m、β 各变量均取值为 1，并将 $Q=\rho R$ 代入式 9－11，则有

$$\pi=\varepsilon\rho RP+a\ln\left(K\frac{\varepsilon\rho}{\theta}\right)+a\ln R+\xi A_{d}+\psi I_{i}+\zeta\ln R-\Big[\frac{\alpha P_{e}\varepsilon\rho R}{\theta}R+$$

$$\left(\frac{\varepsilon\rho R}{\theta}\right)L^{u}+\left(\frac{\varepsilon\rho R}{\theta}\right)L^{u}+(I_{i}+I_{f})\delta\rho R+hR\Big] \tag{9-12}$$

9.2　厂商决策行为分析

厂商参与产业生态网络的决策依据，需要参与引致的总收益大于总成本，即 $TB>TC$ 或 $TB-TC>0$。

根据式 9－12，总收益 $TB=\varepsilon\rho RP+(a+\zeta)\ln R+a\ln\left(K\frac{\varepsilon\rho}{\theta}\right)+\xi A_{d}+\psi I_{i}$，其中 $\varepsilon\rho RP$ 项是 R 的一次直线函数，而 $(a+\zeta)\ln R$ 项是 R 的对数函数，其他项与 R 无关。也就是说，厂商的总收益是 R 的增函数。由 TB 的构成可以看出，有价组分的价格 P、污染排放物的毒性 a、区域半径 R、公关投入 A_d、技术创新投入 I_i 等的适度增加将有利于提高厂商的收益及其参与产业生态网络的积极性。$TC=\frac{\alpha\varepsilon\rho P_{e}}{\theta}R^{2}+\left(\frac{2\varepsilon\rho}{\theta}L^{u}+I_{i}\delta\rho+I_{f}\delta\rho+h\right)R$，其中括号内各项与 R 无关且为正，但第一项是 R^2 的增函数，故 TC 是 R 的二次增函数，说明 TC 随着区域半径 R 增加而增加的速度比 TB 更快，且能源价格 P_e 上涨、劳动力成本 L 上升、资产折旧 δ 过大等均不利于厂商参与生态网络的积极性。TB、TC 曲线形状大概如图 9－1 所示，净收益为两条曲线之差。显然，二者相等对应的 R 为区域产业生态网络的可能性边界，超过这一区域半径，由于快速增加的成本 TC 大大超过收益 TB，厂商无利可图，则没有意愿参与。

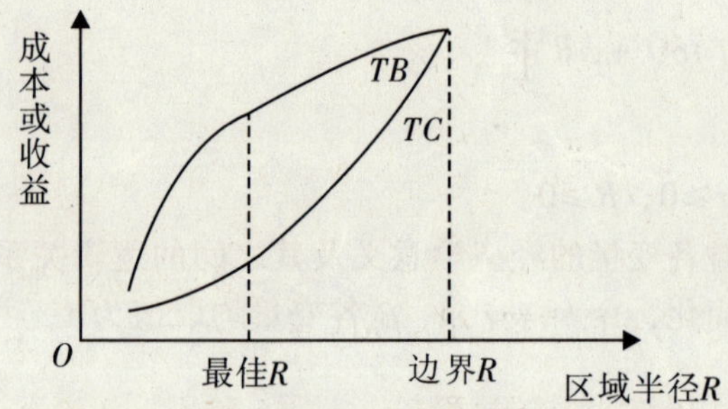

图 9-1 基于厂商视角的可能边界与最佳区域半径示意图

以 TB 和 TC 对区域半径 R 求导，可以得到边际收益 $MB = \varepsilon\rho P + \frac{(a+\zeta)}{R}$ 和边际成本 $MC = \frac{2R\alpha P_e \varepsilon\rho}{\theta} + \frac{2\varepsilon\rho L^u}{\theta} + (I_i + I_f)\delta\rho + h$。显然，$MB$ 随着 R 增大而减小，MC 随着 R 增大而增大，如图 9-2 所示。

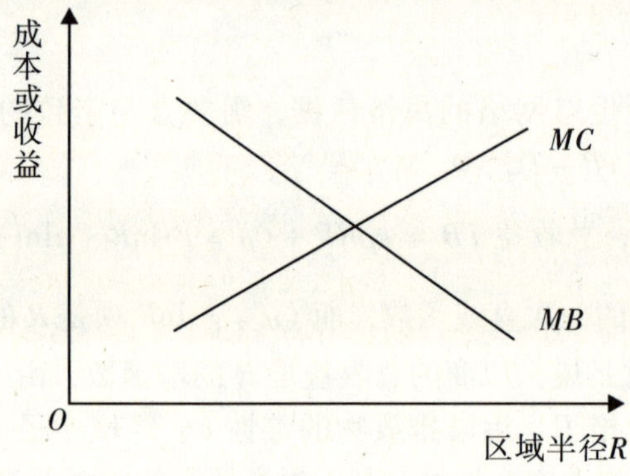

图 9-2 厂商的边界成本 MC 与边际收益 MB 示意图

为使厂商利润最大化，需要使 $MB = MC$，即

$$\begin{aligned}\frac{\mathrm{d}\pi}{\mathrm{d}R} &= MB - MC \\ &= \varepsilon\rho P + \frac{(a+\zeta)}{R} - \left[\frac{2R\alpha P_e \varepsilon\rho}{\theta} + 2\frac{\varepsilon\rho}{\theta}L^u + (I_i + I_f)\delta\rho + h\right] \\ &= 0\end{aligned}$$

所以 $\frac{(a+\zeta)\theta}{\rho R} - \left[2R\alpha P_e\varepsilon + 2\varepsilon L^u + (I_i + I_f)\delta\theta + \frac{h\theta}{\rho} - \theta\varepsilon P\right] = 0$

令 $2\varepsilon L^u + (I_i + I_f)\delta\theta + \dfrac{h\theta}{\rho} - \varepsilon\rho P = Z$

则 $2\alpha P_e \varepsilon R^2 + ZR - \dfrac{(a+\zeta)\theta}{\rho} = 0$

因此，一元二次方程的求解公式是 $R_{1,2} = \dfrac{-Z \pm \sqrt{Z^2 + 8\alpha\varepsilon P_e \dfrac{(a+\zeta)\theta}{\rho}}}{4\alpha\varepsilon P_e}$。

根据 Z 项内各变量的经济学意义，投资与创新投入要远远大于其他变量的值，可以认为 $\dfrac{h\theta}{\rho} + 2\varepsilon L^u + (I_i + I_f)\delta\theta \geqslant \theta\varepsilon P$，故 $Z \geqslant 0$，

由于作为产业生态网络的区域半径 R 不能为负，故本模型只有一个解（根）：

$$R = \frac{\theta\varepsilon P - \dfrac{h\theta}{\rho} - 2\varepsilon L^u - (I_i + I_f)\delta\theta + \sqrt{\left(\theta\varepsilon P - \dfrac{h\theta}{\rho} - 2\varepsilon L^u - (I_i + I_f)\delta\theta\right)^2 + 8\alpha\varepsilon P_e \dfrac{(a+\zeta)\theta}{\rho}}}{4\alpha\varepsilon P_e} \tag{9-13}$$

从上述分析可见，废弃物有价组分价格 P 上升，回收产出收益增加；毒性 a 增加，环境效益提高更多，使得厂商净利润最大的区域半径 R 增大。也就是说，当自然资源日益稀缺，需求强劲，价格高涨，从废弃物中回收资源就日显重要；而当废弃物毒性大，对环境的损害也大，发展循环经济或可持续发展的模式就变得十分必要。在这两种情况下，需要构建较大范围的产业生态网络。

能源价格 P_e 上升，或交通条件恶化，a 增大，交通成本增加；技术创新投入和固定资产折旧 $(I_i + I_f)\delta$ 增加，区域产业生态网络内厂商的投入或产业共生耦合成本也随着 R 增加而显著增加；劳动力成本 L^u 增加，运营成本增加，排放密度 ρ 增加，厂商净利润最大化所对应的区域半径 R 减小。这些情形表明厂商参与大规模的区域产业生态网络的成本较高，积极性较低，需要适度控制产业生态网络构建的范围。

一般来讲，使厂商参与区域产业生态网络的净利润最大的区域半径主要受有价组分含量与价格、能源价格、道路运输条件、劳动力成本、排放的废弃物的毒性或环境损害特性、投资等因素的影响。这些因素，包括区域半径，也将影响厂商参与的积极性。只有参与厂商能够获得净利润，产业生态网络才能够成功。比较 TB 和 TC 曲线的形状，从图 9－2 还可以看出，厂商净利润最大的区域半径小于产业生态网络的边界半径。因此，政府部门在考

虑实际构建区域产业生态网络时需要合理确定并优化，尽量使厂商参与网络所获得的净利润最大，这样才能够吸引厂商积极参与，并成功构建区域产业生态网络。

区域产业生态网络及其成员厂商成功运营的一个重要条件是，要保证废弃物供给的连续性和废弃物加工回收利用企业的生产连续性和稳定性，即生态网络的柔性。区域内收集的废弃物是本网络内“分解者”企业的生产原材料，如果区域半径不够大，废弃物排放密度或速度会波动，某些时候收集到的废弃物就不够多，必然会影响废弃物分类和加工企业生产的连续性，从而使生态网络失去稳定性。从定性的角度来讲，生态网络越大，半径越大，系统稳定性越高，对生态网络系统的运行越有利。不同子区域内的废弃物排放密度、速率、排放点分布会影响区域半径的选择，排放密度越大，排放速率越高，排放点分布越集中，废弃物供给的连续性越好，较小的区域半径就可以保持网络的稳定性和柔性。

产业生态网络收集的废弃物的类别和性质亦会影响区域半径的选择，钢铁冶金类企业排放的废弃物，可能是冶金炉渣，含有价组分的烟尘、废水、未利用的余热余能；对采掘加工类矿山企业，可能是废弃的排土、尾矿或工业废水；对石油化工和火力发电类企业，则是废渣、废气、废水和余热余能利用；对于终端消费的城市垃圾，则以废弃固体垃圾和生活污水为主；对机械电子类生产企业，则是以废弃固体为主。比较而言，矿山、冶金、城市一类废弃物区域排放密集度相对较高，对区域半径的大小要求较低，生态网络转变成密度更高、稳定性更好的网络可能性更大。

如果厂商出于环境规制的压力将产生的废弃物转移给其他厂商集中处理，即以副产品交换形式参与产业生态网络，对该厂商来讲，本模型的收益中只有环境收益和废弃物转移的直接收益（如果废弃物没有需求，又存在对环境的损害，则本直接收益为负），而总成本中也只有交易成本，则厂商的行为主要取决于这三者的平衡。

$$\pi = \frac{\varepsilon\rho R P_{\mathrm{by}}}{\theta} + a\ln\left(K\frac{\varepsilon\rho}{\theta}\right) + a\ln R - hR \tag{9-14}$$

式中，P_{by}是副产品（废弃物）的外卖价格，可以为正、零甚至是负价格。显然，区域产业生态网络内交易成本不可能很大，交易所节省的环境价值（如环保费的减少）是影响厂商行为的主要因素。

9.3 政策建议

在竞争市场中，价格、利润和产权是促使企业行动的基本动力（张迪、张象枢、陈禹，2009），厂商参与区域产业生态网络获得的净收益不能小于从事其他活动获得的净收益。因此，构建区域产业生态网络，关键是尽量使参与厂商有利可图。工业园区进行生态化建设的过程中往往也只有环境效益而无经济效益，给厂商带来沉重的经济负担，使厂商难以承受，应当建立利益激励机制，提升 EIN 的价值增值效益（刁晓纯、苏敬勤，2008）。区域产业生态网络的运营和构建有一定的前提条件（李广明，2009），这里仅结合本模型的结论提出如下对策建议：

（1）环境成本的内化。区域产业生态网络的成功运营，必然使自然资源得到循环使用和综合利用，降低资源能源消耗水平，减少污染物排放量，使环境价值免于损坏，这需要正确评价，不能低估，也不能粗略估计。这就使政府部门大有可为，可以通过立法形式规范资源和环境经济价值的评价方法，准确评价，真正反映资源环境的经济价值，并通过设计有效的排污量、环境标准法规、许可证交易等手段，将所节省的对应的真实的环境成本内化到污染物生产者的生产决策之中，让作为“分解者”的厂商参与网络变得有利可图，才能确保厂商参与网络的积极性，自觉地将建立产业共生耦合关系、产业生态网络与自身的逐利导向的经营行为结合起来，并最终实现可持续发展和循环经济发展模式。

（2）区域半径的选择。政府部门通过对区域产业生态网络的科学合理规划，并衔接与其他基础配套设施（如交通、通信、信息）的关系，才可以设计合理的区域半径或产业网络规模，使参与厂商获得尽可能高的利润，激励厂商积极参与区域产业生态网络的建设。

（3）社会网络的作用。培育区域产业生态网络中厂商或人员之间的社会网络、人文联系、诚信度等，通过信息技术的应用构建公共交易平台，发挥政府、行业组织或中介机构以及区域产业生态网络主管机构的引导作用，可以大大降低交易成本，提高产业共生关系系统的稳定性，提高厂商参与的净利润，有利于区域产业生态网络的构建和运营。建立网络成员间协作机制，调和网络成员发展与网络关系稳定的矛盾，培育共同的组织文化，发挥网络管理者的作用等，有利于维持 EIN 的柔性（刁晓纯、苏敬勤，2008）。

（4）创新型文化的培育。区域的文化环境直接影响厂商的决策行为。生态产业主管机构可以搭建公共交流平台，加强厂商之间的交流，提高厂商的社会责任感，培育厂商的创新意识、环保意识、合作意识、可持续发展意识，鼓励厂商构建学习型组织，为厂商参与网络建设提供良好的文化环境，鼓励厂商的技术创新投入，以获得更多的技术创新补偿和参与的净利润。

（5）政府补贴的引导。政府各种形式的补贴，可以使厂商获得更多的技术创新补偿，激励厂商的技术创新行为，激励厂商加入生态网络，并提供必要的公共产品，对生态网络起到一定的支撑作用。

（6）社会压力的形成。公众的参与和媒体的监督，有利于对厂商的外部行为形成社会压力，迫使其履行社会责任，提高加入区域产业生态网络厂商的无形资产价值，提高其参与的积极性。

10 区域产业生态网络的绩效研究

产业共生是以产业生态学和产业生态发展的概念为基础的，它的本意是产品、副产品和废弃物的交换网络，目的在于减少工业区的生态足迹（Kurup et al.，2005）。产业共生网络在世界上大部分地区的发展表明，它为人类带来好处并且尚有很多潜力有待开发，但这些机会没有得到很好的利用，原因之一是缺少对产业共生项目绩效的评价模型与方法。区域产业生态网络是产业共生关系的重要形式之一，对其绩效进行合理的评价很有必要。

10.1 绩效的维度

为了实现经济的可持续发展，保护和维持人类社会及其发展环境的可持续性极为重要。区域产业生态网络是可持续发展的重要途径，其绩效维度最少应该包含环境、社会和经济三个方面。

环境维度。各种产业对不可再生资源、能源、水资源、大气资源等的过度使用，不仅为后代带来资源安全问题，还在开采、冶炼、制造、使用和最终的报废中排放固—液—气废弃物污染生态系统。在这些过程中化学药剂的使用则让附近的居民、工厂上班的雇员处于危险的环境之中。因此，产业需要考虑一系列环境问题以实现环境的可持续发展，包括可再生资源的使用、生产过程的革新以及防止对有限资源的过度开发。产业共生可以通过企业或产业之间的联合对某个产业产生的废弃物进行再利用，从而减少废弃物的净排放量，提高资源的利用效率。结果是厂商可以通过减少废弃物排放、处置、存储以及相关的制度、法律费用，减少资源消耗。

社会维度。产业共生为社区和产业带来社会效益。产业的社会效益有：员工的健康与安全共享带来的人力资本水平提高、员工流动率下降，研究与开发带来的技术创新水平的提高，培训与技能的提高带来的工作稳定性，诚信与互惠带来的人力资源共享等，比较好的共生网络关系也为企业合作者带来额外的收益。这些因素可以提升声望、市场形象和竞争优势。

经济维度。产业共生可以减少废弃物填埋、存储、加工、处理的环境成本，废弃物循环使用可以节省原材料成本，基础设施的共享也带来成本节省，还有名望与社会认可度的提升。这些在面对客户与供应商时还可以带来竞争优势以及融资的便利，因为金融界在信用和投资决策中日益重视非金融绩效因素的分量。

显然，从可持续发展的角度研究区域产业生态网络的绩效，环境、社会、经济维度，三者缺一不可。

10.2 绩效的研究方法

10.2.1 分析方法

Chertow（2003）认为产业共生项目和其他项目不同，有必要确定一套通用的标准体系来评价其绩效。他强调了两个问题：产业生态发展是否达到了规划的目标，整体的收获是什么。在分析美国的两个生态产业园的时候，他意识到这些问题是项目的重要组成部分。同时，他也提出了一些方法，可以作为产业共生项目绩效评价的指南，有利于评价产业共生绩效：

审视所采用的设计标准的类型，并将其作为测度的参考标准；

寻找一些方法识别或测度共同的收益；

测度各企业取得收益的方法，以及了解企业选择参与产业共生时考虑的问题；

产业共生的收益可以维持多久？是否成为市场压力的牺牲品？

但 Kurup 等（2005）先行一步，提供了一个方法，有助于识别产业共生项目的所有可能的好处，即提高工业和社区的经济、社会、环境收益。他们声称这个方法能够用于测度产业共生项目对地区发展的影响，有助于决策者对项目的评估，帮助决策者面对产业生态化发展中的一些障碍，其中的障碍之一就是缺少对产业或公司项目成本效益的系统评价。

10.2.2 指标体系

在审视了各种评价指标体系的异同点（包括定义、动机、过程与技术方法）后，Parris 和 Kates（2003）认为不存在普适性的评价指标体系，原因是可持续发展相关概念的模糊性、测度的多目的性、术语和资料及测量方法混乱等。Kurup（2007）曾总结了主要的产业共生绩效的评价指标体系或模型：

（1）全球指标体系（GRI），分为环境、社会、经济三个维度，其中社会维度包含劳工、人权、社区、产品责任等。

（2）联合国可持续发展委员会的框架（UNCSD），增加了制度维度，包含 15 个指标和 38 个次指标，没有涉及业务和操作层面。

（3）Wuppertal 可持续指标，增加了制度和企业社会责任指标。

（4）化学工程师协会的可持续指标，特别适合于化工行业，偏重环境指标。

（5）澳大利亚政府指标，强化了社会维度的重要性，提出了三底线测度概念，强调了商业与社区的联系。

（6）BP 的可持续评价模型（SAM），在环境、社会和经济维度基础上，增加了资源维度，并统一到货币价值体系，考虑内外部成本与收益。它用于项目规划和决策的参考，如填埋、植树、油气项目、碳水化合物项目等，可用于评价项目绩效、项目比较与排序、从产业到企业的绩效等。

（7）世界银行以资本为中心的方法（CCA），强调社会资本的重要性，加强商业与社区联系，帮助企业中高层完善控制参数，如信息共享、活动的协调、团队计划等。定义了财务资本、自然资本、人力资本和生产资本等。

（8）七问号评价，包括人、环境、经济、传统与非市场活动、制度安排与治理结构、综合与学习、介入等，可用于提出问题。

（9）南非制造业框架，将企业社会责任分解为操作层面和社会层面，社会可持续性包括内部人力资本、外部人口、利益相关者和宏观社会绩效。货币价值和多层次评价，可作为决策参考。

（10）采掘业框架，增加了综合指标，对内部热点问题和外部可持续性与利益相关者介入进行评价，可用于产业或企业的绩效评价。同时引入了生命周期评级的概念，因为不同利益相关者有不同的兴趣点。

10.2.3　生命周期三底线会计分析

三底线会计分析是指将环境、社会与经济会计实践高度一体化的一种会计方法，让企业不仅重视所创造的经济利益，也重视所创造或破坏的环境和社会效益。它可以用于从国家到单体企业的不同层面，对于企业来讲，要考虑无形资产、社会伦理、治理结构、企业文化、风险管理等。Kurup 等

(2005) 也曾基于三底线会计核算设计了一套指标体系，可以改进对产业或公司项目的经济、社会、环境效益的识别和测度。

区域产业生态网络和任何事物一样，都将经历从摇篮、成长、成熟、衰退到坟墓的过程，绩效评估如果能系统地考虑其生命周期的各个阶段，这就是生命周期绩效评价，有一定的合理性。基于生命周期的三底线会计分析，则充分吸纳了上述两方面的优势。

10.3 区域旅游产业生态网络绩效的生命周期评价

旅游业产业链地理范畴宽广、涉及产业多的典型特征，决定了区域产业生态网络的建设是旅游业的生态化和可持续发展的重要途径，开展深入的理论和应用研究，对于产业生态化和推动经济发展方式的转变具有重要的现实意义。国内外对其构建的方法、网络组织的特征、网络稳定性、形成的机理和理论基础、国与国之间的比较、网络的运作管理及其治理对策、网络的模式及其演化、网络的影响因素和实施效果等进行了较多的研究（王兆华，2007；苏敬勤、刁晓纯，2009；李广明、黄有光，2010）。但区域旅游产业生态网络的发展涉及经济、社会、环境各个方面，如何量化测度其实施的综合效果一直是没有得到很好解决的问题，必须寻找出科学评价其实施绩效的方法，才能够找出其发展中存在的问题，寻找对策，最终取得成效，并更加有效地决策、规划、组织、建设、管理和评价旅游业的生态化和可持续发展。

文献分析表明，迄今为止，国外对区域产业生态化与可持续发展的绩效测度和评价问题有一些研究。Chertow（2003）根据美国可持续发展总统委员会（PCSD）对生态产业园的定义，比较科学地提出了产业生态发展（EID）的目标和附带问题：

（1）资源的有效共享，即企业或社区之间存在一定规模的交易和协调效应；

（2）获得经济收益，产业生态发展具有自我发展能力而不是长期依赖政府补贴，与产业的传统结构能够作比较，并包含环境价值的量化；

（3）环境质量的改善，即区域环境质量通过产业共生获得改善及其对区域外环境质量的影响，对生态社区的成本效益分析；

（4）商业社区人力资源的提升，单个企业参与产业生态化的优势，并战略性评价社区风险、雇员的参与度、废物和能源消耗；

（5）当地社区的人力资源提升，当地社区对产业生态化的参与和认知，不是简单的外来品，而是基于社区求同存异的共识。

Richards 和 Galdwin（1999）研究了区域产业生态网络绩效评价指标，其设计反映了实际的影响并尽量满足量化测度的要求。Kurup 等（2005）利用生命周期评价的方法，提出了经济、社会与环境的评价指标体系，从三底线的角度对若干产业生态网络的绩效进行了较系统的半定量研究。Jung（2013）最近采用现金流折现法（DCF）和多特性品质整体推理法（MOGIQ）评价了生态产业园项目的经济、社会和环境绩效，但只是在经济绩效上实现了量化为货币价值，而环境与经济绩效仍然是排序比较。

国内大多数学者的研究视角主要针对生态城市、资源型城市转型、区域、工业园区（或产业园区）的可持续发展评价指标体系（孙国强，2003；赵一平等，2004；朱庆华、曲英、武春友，2006；王华峰，2010；徐铁，2012）。王少平等（2006）、袁媛等（2007）、孙晓梅等（2010）曾经采用层次分析法设计工业园区的可持续发展指标体系及其评价模型或方法，或针对某个产业园区的发展水平进行评价。郝艳红和王灵梅（2006）、李仁安和朱晖（2006）、许乃中等（2010）采用模糊综合评价法对工业园区的可持续发展进行量化研究。还有一些学者采用灰色聚类法（黄海凤等，2005）、人工神经网络法（袁建明等，2005）进行类似的评价研究。刁晓纯、苏敬勤（2008）借鉴网络组织绩效评价的基本框架，提出园区产业生态网络的绩效可以从网络适应性、增值性、开放性与和谐性四个方面进行测度，运用问卷调查与实证数据分析，研究了测度工业园区的指标体系和权重，从园区环境、经济和社会协调发展的视角，结构化地评估了工业园区产业生态网络的绩效。

上述研究者大都停留在不同的指标体系的设计和理论分析模型的研究上，只有少部分采用不同的分析方法对工业园的发展水平进行定性或定量的综合评价。迄今为止，国内外尚未发现有文献从经济、社会、环境三底线（three bottom lines）的角度综合分析旅游产业生态网络的绩效，将绩效量化为货币或准货币值。考虑到国内外开始出现区域旅游产业生态网络发展的一些势头（王坚，2010），而且旅游产业比较适合于区域产业生态网络的模式，于是本书利用生命周期评价的方法，就其可能的经济、社会、环境绩效进行简单的半定量分析。考虑到区域产业生态网络属于环境外部性的矫正，不能完全通过市场竞争的机制来解决环境污染和循环经济相关问题，政府的角色至关重要，本章增加了政治维度作为区域旅游产业生态网络的绩效测度的第四个指标，即对其进行四底线（four bottom lines）分析。

10.3.1 区域旅游产业生态网络的生命周期分析

旅游产业“六要素”的建设、运营以及废弃物循环处理都可能带来环境污染（见表10－1）。和其他行业相比，区域旅游产业具有自身的特点，酒店、餐饮和娱乐业的经营主要会带来污水或噪音污染，景区经营期污染因子主要是游客消费带来的固体废弃物排放，交通运输环节主要会带来废气和温室气体（CO_2）的排放。这些是区域旅游产业生态化的重要环节，是环境污染防治与改善的重点。

表10－1 旅游产业“六要素”主要污染因子

	建设期污染因子	污染强度	经营期污染因子	污染强度
景区（游）	废土、浮尘、噪音、废水、自然景观破坏	强	固废	强
酒店（住）		较强	废水、固废、废气、噪音	强
饭店（吃）		较强	废水、固废、废气、噪音	强
交通运输（行）		强	废气和温室气体	强
娱乐（娱）		较强	废水、噪音、固废	较强
购物（购）		中等	固废	中等
产业链其他环节		较低	废水、固废	较低

注：笔者整理。

在区域地理范畴内构建旅游产业生态网络，通过交通运输和信息交易平台建立企业或产业之间的共生耦合关系。所排放的这些污染物可以通过区域旅游产业生态网络在“生产者”和“分解者”之间达成交易，由后者实现污染物的代谢功能，达到减少排放或者零排放，从而带来环境的改善和效益的提高，实现旅游产业生态化。

从生命周期的角度来说，与自然界的任何事物一样，区域旅游产业生态网络必然经过规划与设计、建设、运营到革新和最终的拆除，完成一个生命周期。这个生命周期有长有短，取决于区域产业生态网络和产业本身的特征、厂商的发展战略、经济发展环境等内外部因素。如果区域旅游产业生态网络绩效明显且稳定性好，旅游产业可持续发展能力强，这个周期就长，反之则短。据研究，产业生态网络的绩效和稳定性受很多因素的影响（李广明、黄有光，2010），既有外部环境因素，如能源价格、资源稀缺性或价格、交通运输的条件、信息技术发展水平等，也有内部或人为可控的因素，如政策环境、经济发展水平、民族文化价值观、环境价值标准、市场主体的文化相容性、污染物分解或加工的技术水平等，但更本质的是内部因素。总的来讲，经济发展水平越高，越重视环境价值的文化价值观，越重视可持续性的经济社会发展方式，环境法规越健全且实施越有效，技术发展水平越高，基础设施越完善，能源价格越低，自然资源越稀缺，区域产业生态网络的可持续发展能力越强，生命周期就越长。

10.3.2 区域旅游产业生态网络的绩效分析

对区域产业生态网络的绩效分析，需要选择合理的评价指标变量和评价的模型与方法。如上所述，通常的评价指标或尺度包含经济、社会、环境三个方面，但考虑到旅游行业及其产业生态网络需要政府引导的特殊性，本书增加政治作为第四个一级评价指标。

根据 Richards 和 Galdwin（1999）的研究，二级评价指标的选择必须符合几个要求：

（1）相关性，即选择的指标必须是企业家们认为未来是重要的，并在未来决策中需要用到的。

（2）实用性，选择指标的测度和监督实际上可以做到可信可靠。

（3）适用性，即指标反映实际的环境影响，与企业长远发展目标一致。

因此，评价指标或尺度的选择需要反映区域产业生态网络项目的实际影响，且尽可能做到量化测度。参考 Richards 和 Galdwin（1999）的研究，本书根据旅游产业的特点选择三级指标体系，如表 10－2 所示。

表 10－2　区域旅游产业生态网络绩效测度指标体系设计

目标层	子目标层	评价维度（二级指标）	评价指标（三级指标）
区域旅游产业生态网络绩效	经济与环境绩效	经济	
		环境	
	社会与政治绩效	社会	
		政治	

注：笔者编制。

对于区域旅游产业生态网络，其中，三级指标可以设计如下：

（1）政治：区域 GDP 总量排名，绿色 GDP，政府形象。

（2）经济：为当地产生的商业机会，产生的资本存量、销售量、利润、支付的工资、产生的税收、再资源化产生的收益、可见的环境成本、交通成本等。环境成本包括废弃物的收集、运输和处置成本以及消耗的原材料，管理系统的成本，许可证和管理成本等，旅游服务的收益。

（3）社会：产生的工作岗位、工作稳定性、劳动力技能水平、健康与福利、社区的社会资本存量、居民生活居住或旅游者游憩的环境友好程度、旅游者的游憩价值或享受的旅游服务质量。

（4）环境：土地占用、生物多样性、自然资源和能源消耗（如水的消耗）及固液气污染排放物。

为了对区域旅游产业生态网络的绩效进行科学的评价，必须按照生命周期分析的原理，对区域旅游产业生态网络必然经历的规划与设计、建设、运营、革新和拆除等五个阶段逐个进行分析，分析每个阶段的活动对政治、经济、社会和环境各方面产生的不同影响，参考 Kurup 等（2005）的研究方法，可以对每个环节的影响进行如下分析，汇总如表 10－3 所示。

表 10－3　区域产业生态网络的生命周期绩效测度

生命周期阶段	政治	分值	经济	分值	社会	分值	环境	分值
规划与设计	当地政府的勤政和社会责任形象得到改善，也是落实科学发展观的具体体现	+	网络规划与设计人员的工资； 为本地供应商带来商业机会； 资本投资	+ + －	为旅游行业开发出新的设计与规划方法； 提升旅游从业人员的技能； 当地社区积极参与带来外部正收益	+ + +	原材料与能源的消耗； 规划与设计过程中试验性的活动带来的环境影响	－ －

（续上表）

生命周期阶段	政治	分值	经济	分值	社会	分值	环境	分值
建设	当地政府推动经济发展的体现； 区域GDP总量增大	+ +	建筑工人的工资； 为当地供应商带来商业需求； 工资和企业收入里扣除的税收； 资本投资	++ ++ + -	网络建设和供应商制造过程中产生的工作岗位； 由于新技术的应用带来社会资本技能的改进	++ +	网络新增的工厂和基础设施占用土地； 工厂、管道和基础设施建设消耗的物料与能量； 施工产生的环境污染	- -- --
运营	政府实行科学发展、和谐发展的成效； 区域绿色GDP总量增大	++ +	产业用水得到保障； 旅游服务收益增加，税收增加； 产业用水成本上升； 从业人员工资收入； 交通运输成本； 化学剂使用； 能源使用与温室气体排放	+++ ++ + ++ - - --	旅游游憩价值或旅游者享受的旅游服务质量得到提升； 相关社区的健康风险降低； 新增工作岗位； 产业和居民用水质量提升	+++ ++ ++ ++	旅游或居住环境得到显著改善； 能源使用效率提高； 温室气体排放减少； 水资源得到保护	+++ ++ ++ ++

（续上表）

生命周期阶段	政治	分值	经济	分值	社会	分值	环境	分值
革新	负责任政府形象再现	＋＋	建筑工人的工资； 为当地供应商带来商业需求； 工资和企业收入里扣除的税收； 资本投资	＋＋ ＋＋ ＋ －	新增临时工作岗位； 社区参与提升了社会资本存量； 从业人员素质与技能得到提升	＋ ＋＋ ＋＋	装修或改造工程的垃圾； 能源与物质的消耗	－－ －－
拆除	政府形象受影响	－－	建筑工人工资； 工资和企业收入里扣除的税收； 建筑垃圾回用带来的残值； 当地供应商业务减少	－－ －－ ＋＋ －－	临时工作岗位增加； 长期工作岗位减少； 旅游或游憩环境变差	＋ －－ －－－	拆除带来的垃圾； 物料回用； 土地复垦	－－ ＋ ＋

注：笔者整理。－－－：非常显著的负面影响；－－：显著的负面影响；－：微小的负面影响；0：中性；＋：微小的正面影响；＋＋：显著的正面影响；＋＋＋：非常显著的正面影响。本书假定“＋”或者“－”代表单位货币正负分值，数量上可以互相加减。

在规划与设计阶段，产业生态网络的规划和设计需要设计部门的技术人员来完成，可锻炼从业人员的技能，为旅游行业开发出新的规划和设计方法，在这个过程中社区的参与则宣传了绿色环保理念并提高了居民素质，为本地企业带来商机。前期可能需要做一些实验或研发，消耗少量的自然资源并带来些微的环境影响，且需要部分资本投入。同时，对当地政府的科学发展形象可能存在一些正面的影响。

在建设阶段，会产生一些工作岗位，带来工资收入及相关税收，并需要资本投入。新技术的应用能够提升相关产业的大批从业人员的素质和技能，有利于社会资本总量的提高。产业生态网络的建设可能需要占用少量土地，建设中消耗自然资源和能源，并可能带来环境污染或舒适性破坏。政府则可能通过真抓实干提升推动经济、社会、环境发展的良好形象。

在运营阶段，产生了长期的就业岗位和从业人员的工资。废弃物的收集、运输和处置可能带来额外的环境成本或交通运输成本。由于旅游产业中酒店餐饮和娱乐环节的用水量比较大，特别是对于一些缺水地区，水资源的循环使用节约了大量的水资源，产业用水的可持续性得到加强，又减少了污水排放对环境或景观的污染，保护了环境，提升了居民或游客的用水质量，提高了对旅游者的服务质量，增加了旅游者的消费者剩余，进而增加了旅游行业的收益和税收。当然由于污水处理成本可能大于新鲜取水的成本，行业用水成本可能也增加了。有了良好的游憩环境，旅游者的游憩价值得到提升，幸福感得到提高，社区居民居住环境得到改善，降低了失去健康的风险。同时，水资源循环使用，降低了取水或输送环节的能源消耗，减少了温室气体排放。对于政府来讲，一系列的资源能源节约和环境友好的统计数据，都成为其科学发展、和谐发展的最好证明。

在革新阶段，需要一定资本的投入，并增加了相关行业的工作岗位，产生了工资收入，也产生了从工资或企业收入里扣除的税收，为供应商带来了商业需求。社区的积极参与有利于居民对技术革新和行业发展的认识，提升社会资本的存量，从业人员的技术与技能也从中得到提升。当然，更新改造过程需消耗自然资源和能源，也可能带来些许的环境污染。政府坚持绿色发展的形象将再次得到社会的肯定。

在拆除阶段，增加了临时工作岗位，但长期工作岗位减少了，产生了工资收入和企业所得以及从中扣除的税收。拆除产生了建筑垃圾，对应的回收是自然资源的循环使用，也回收了废旧物资的残值，使土地可以获得复垦。由于区域旅游产业生态网络拆除了，旅游行业的环境绩效变差，游憩或居住环境也可能变差。政府的形象会受到一定程度的负面影响。

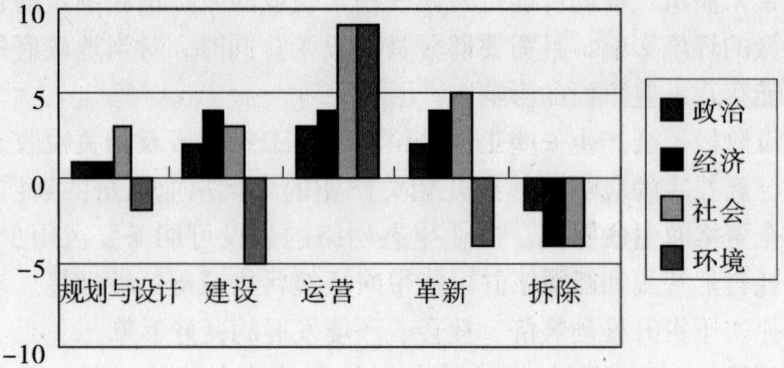

图 10－1　区域旅游产业生态网络绩效分值

注：笔者整理。

因此，如果对区域旅游产业生态网络的产业共生绩效进行综合评价，可以将生命周期各阶段产生的政治、经济、环境和社会影响的分值进行加和，以总分值做纵坐标，绘制柱状图，如图 10－1 所示。由图可见，除了拆除阶段，每个阶段内区域旅游产业生态网络的政治、经济、社会净收益都是正值，说明旅游行业建设产业生态网络可以带来资源保护、经济收益和社会福利，绩效显著。运营阶段的社会和环境价值得到最大体现，说明旅游行业的产业共生为游客、居民带来的环境与舒适性改善和消费者剩余巨大。拆除阶段则在经济、社会、环境和政治等各方面都是负收益，体现出全面的负效应。而且，除了运营阶段，各个阶段环境价值均体现为负值，这主要是建设施工带来的影响。

10.4　主要启示

对于区域旅游产业生态网络来说，除了供应商、消费者以外，政府、社区也成为利益相关者，尤其是社会和环境得失是影响网络规划与设计、建设和运营等各阶段绩效的关键要素，评价中要给予足够的重视，要兼顾政治、社会和环境绩效的评价，不能只是关注其经济绩效。同时，要在规划与设计和建设阶段，通过环境影响评价与绩效评价等手段多做宣传、多沟通，获得政府和社区的支持，才能促进区域旅游产业生态网络获得更快的立项和开工建设。

针对生命周期的不同阶段，需要有不同的措施和配套政策予以支撑。在规划与设计、建设和革新阶段时，会存在一些负面的环境影响，需要通过环境影响评价，找出污染因子和污染环节，让建设单位采取措施，将对环境的负面影响降低到最小。在运营阶段，区域旅游产业生态网络体现出显著的社会和环境绩效，区域的相关产业政策和环境规制需要将环境和社会成本与收益内化到企业的决策之中，企业的投入才能得到合理的回报，以延长区域旅游产业生态网络的生命周期。

对区域旅游产业生态网络的生命周期绩效评估或测度，可以比较科学地显现出社会和环境的显著效益，有利于深化政府、企业和社区等利益相关者的认识、理解并做出正确决策，从而促进有效的政策与法规的出台，有利于区域旅游产业生态网络自身的可持续发展。

11　区域城乡产业生态网络的构建模式研究

产业生态网络（EIN）可以包括生态产业园（EIP）、传统工业园（IP）、单体企业、城市社区、郊区和农村，范围大，灵活性好，是未来区域产业生态化的理想模式。国内外近年来出现了一些关于产业生态网络的较重要研究和实践，金涌等（2003）是国内比较早的系统研究工业共生理论及其应用的学者，王兆华（2007；2010）比较系统地研究了区域产业共生网络、产业链和生态工业园的共性问题，包括共生模式、形成机理、国际化比较、共生链稳定性、共生链治理及其应用等，并进行了实证研究，但只是将产业生态网络作为其中的一种模式。郭莉等（2004；2008）研究了产业生态化发展的两条路径，即生态工业园和区域副产品交换，并对区域副产品交换体系与技术创新的关系进行了分析。王虹（2008）研究了生态工业园区建设规划、运作机制、评价体系，并做了实证研究。最近有些学者将产业生态网络应用于农业产业化和生态化（刘晶茹等，2011；陈书雪等，2011），提出了“农工生态产业园”的概念。李胜（2010）比较深入地实证研究了都市循环农业旅游园区的产业分布、经济效益评价、物质流与能量流和设计规范等。

区域产业生态网络应有一定规模，合理规模取决于运输、交易成本和园内企业效益之间的平衡（Sterr et al.，2004；Roberts，2004）；在比生态产业园更大的区域层面上进行区域副产品交换，构建生态工业网络，有一定的可行性（Desrochers，2002），也存在成功的案例（Sterr et al.，2004），但区域内参与企业之间的沟通、诚信、合作关系构建有困难（Lambert et al.，2002）。

郭莉等（2004）认为产业生态化正沿着两个路径发展，即生态产业园和区域副产品交换，二者各有利弊，较为理想的做法是二者结合，在区域范围内形成经济效益和环境效益平衡发展的产业生态网络，既强调了结点企业生产工艺和产品的持续改进，又注重企业、社区、政府部门和中介组织共同参与，是我国未来产业生态化发展的重要方向。

尽管最近20年生态产业园受到人们的重视，也开展了较多研究，但大部分学者将产业生态网络作为生态产业园的一种模式来分类，并没有严格地区分二者的区别，也没有单独对产业生态网络开展系统研究。王兆华（2007；2010）、王虹（2008）、金涌等（2003）的研究都是将虚拟型共生网络视为生态产业园的模式之一。同时，关于产业生态网络应用于区域层面的经济社会和环境生态化发展的研究比较少见。如何在更大范围内、更高层面上，统筹城市与农村地区的发展，发展城乡一体化的循环经济，实现城乡范围内产业之间共生、经济与社区之间耦合、人与自然之间和谐呢？这就有必要深入研究产业生态网络在城乡一体化生态经济发展中应用的理论和实践①。

本书在第一章已经对产业生态网络的经济地理特征进行了表述，本章主要针对城乡产业生态网络在城乡一体化中的产业空间布局、功能优化、构建模式等问题进行研究。

11.1　城乡产业生态网络的产业空间布局与功能优化

城乡生态化发展要求城区内的工业体系和社区主要发展循环经济，单体企业需要开展清洁生产，通过技术与管理创新，减少原材料的使用，降低污染物排放，增加原材料的循环使用率，提高资源利用率和能源效率。通过绿色制造，改善产品设计，实现制造业的去物质化。在消费者中要大力提倡绿色消费理念，提高消费者节约能源、爱护环境的意识，减少生活污染物的排放，并配合废物处理单位进行生活垃圾分类，完善垃圾收集的渠道与机制。通过生态工业园的构建，完善工业共生体系，设计专门的产业链环节，构造产业链的“分解者”，实现企业和消费者排放的污染物的进一步消化，减少产业链整体的污染物排放量。

城市郊区通过建立污水处理厂、垃圾焚烧发电站，保护湿地，发展花木苗圃和绿色草地等措施，保护生态环境。同时通过发展近郊旅游观光业、绿道网络，适度发展高尔夫球场，优化城市结构布局，增加近郊对城市工业与生活排放物的分解能力，形成保护农村地区不过度受城区污染物破坏的生态屏障。

根据吴必虎等（2004）的研究结果，城市周边乡村旅游地分布密度离城

① 生态产业园的发展带有一定的政府色彩，不能够完全由市场自己调节。市场调节的最优性原理，是在不存在污染等外部性、不存在报酬递增、不存在交易成本等条件下证明的。生态产业园，不论虚拟与否，在适当的条件下，可能在处理环境外部性上比较节省交易成本，并取得报酬递增的利益。如果对所有的外部成本都适当征税，理论上讲不需要鼓励生态产业园的建设，但这种理想情形，在实际经济中并不存在。

市的距离呈先增加后衰减趋势，距离城市 0～10 公里是乡村旅游地数量逐步增加的地带，在距离城市 20 和 70 公里处分别出现旅游地相对密集区，50 公里附近因受次中心区的干扰，乡村旅游地分布密度呈相对低谷状态。本规律主要反映市场主体行为特征，而城乡生态经济建设中城市郊区的相关产业功能布局，应该结合循环经济和环境保护的要求，进行功能分区和布局优化。和卢亮等（2005）的看法略有不同，笔者认为，在城市郊区 10 公里以内应布局花木苗圃，主要是服务于城区的绿化和美化，保护乡土物种，而不是因为交通便利、距离城市中心较近而发展农业观光、农产品采摘、高档农产品生产等产业。这一地带工业和生活污染物比较密集，是城郊分解污染物的先头地区，为了不让污染物，特别是对人体和其他生物体极为有害的重金属通过食物链传递到下端，这一区域最好不要安排蔬菜瓜果和粮食种植，也不要安排其他农副产品的种养殖。在 10～30 公里的范围内，可以建设农村和农业旅游观光服务区，发展如农家乐、特色餐饮、娱教玩一体的乡村游项目，服务于城区居民的乡村游需求。在 30～70 公里范围内，工业化和城市化排放污染物浓度相对较低，较适宜发展蔬菜种植和其他农副产品种养殖业，服务于城乡居民的日常生活需求。也可以发展农工生态产业园，按照循环经济的原理，在发展生态观光农业或特色农业的同时，开展农副产品的初加工或深加工，可以提高农业附加值。这个地带和城市化、工业化排放的污染物的分解区域有一定距离，避免了污染物的重叠和交互强化，有利于城乡生态经济的发展。70 公里以外的地区，属于正常的"农村相"，适合发展正常的农业生态产业和更高层次的观光旅游或休闲度假业，城区居民旅游到这个地带则可以充分领略自然界的美景，如图 11－1 所示。

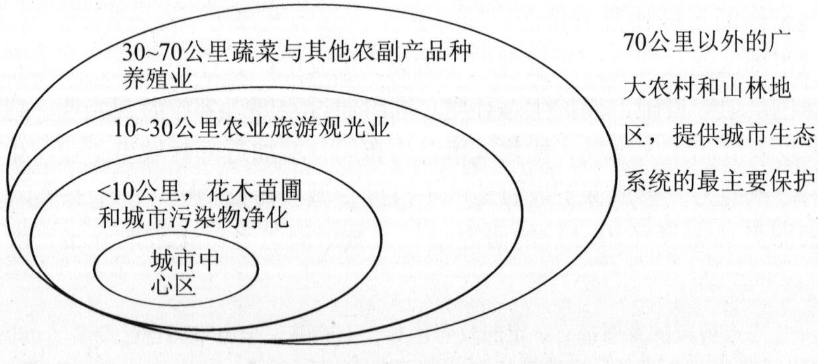

图 11－1　城乡生态经济一体化产业空间布局与功能优化

注：笔者自行绘制。

也就是说，为了更好地设计城乡生态化发展的产业空间布局和进行功能优化，除了考虑旅游者的行为特征以外，还需要考虑城市排放污染物的足迹和扩散特征。根据环境影响评价的规范（崔莉凤，2005），地表水污染影响评价中，环境监测范围在污水量最大（大于50 000立方米/天）的条件下湖泊的调查半径是4～7公里。空气污染的一级评价范围是边长16～20公里的正方形。固体污染物的污染影响主要通过水体和气体来评价。噪音污染在最严重的情况下（机场），一级评价范围是2～15公里。生态环境影响范围分为20平方公里、20～50平方公里和大于50平方公里。根据这一标准，污染源10～15公里以外受到的影响基本上可以忽略不计（除了一些影响全国与全世界的迁移性污染）。因此，来自环境保护技术的要求和乡村游客习性的需求基本一致。另外，现代化大都市的工业集聚区往往是围绕城市中心分散分布的，有一些城市的工业区离市中心距离可能就超过20～30公里，可看作是该城市的次中心区，根据前述的旅游区分布密度分布规律，可以对围绕次中心的功能布局做具体分析和调整，或可作为新的居住和污染源中心来考虑。亦有学者提出“森林城市”、“田园城市”的规划新学说，强调四周要有永久性农业地带围绕（冯云廷，2005；俞孔坚，2010）。

11.2 城乡产业生态网络与城乡生态经济一体化

城市和农村属于两个完全不同的“经济相”①，两相之间是城市郊区，或者叫作城市—农村两“相”界面，有非常独特的边缘特征。这个区域是工业和生活污染物净化的主要场所，如果没有处理好，就有可能使得污染物扩散到农村地区，对城市—农村生态系统造成破坏（马传栋，1989；沙润等，1997）。沙润等（1997）认为，“城乡之间的分界线已逐步消失，取而代之的是城市与乡村两大系统之间的相互作用、相互渗透，性质既不同于典型城市，又不同于典型农村的中间地带。从其特征、结构及功能看，城乡之间的过渡带实际上已成为一个独立的地域单元”，并从旅游的角度提出近城区、近郊区、远郊区的城乡交错带地域结构的概念。

近年来有学者（李胜，2010；石垚，2011；刘晶茹等，2011；陈书雪

---

① “相”的概念原来自于自然科学理论，描述物质的物理化学不同形态，主要用于区别物质的不同特征。

等，2011）提出建设农工生态产业园来发展农村的农业生态产业，采用农业循环经济的原理，减少农业产业化过程中的污染物排放，提高资源循环利用率和能源利用率，既促进农村地区的经济发展，又不至于破坏农村的生态环境。农工生态产业园的局限性在于没有考虑如何将城市内部的产业系统纳入产业生态网络，而仅仅是考虑农业及其衍生出来的农产品加工业，也没有考虑城市居民排放的生活污染物。根据一些学者的研究，在没有对污染进行较好处理的情形下，50 万人口规模的城市生态环境较好，200 万人口以上规模的城市则会出现生态经济问题（马传栋，1989）。笔者认为，对于发展中国家中人口超过 200 万、生态问题较突出的大中型城市，应该站得更高，在更大的范围内考虑构建区域城乡产业生态网络，将城区的产业、社区、城郊边缘地区与农工生态产业园统筹考虑，才能真正建成可持续的生态产业体系。

产业生态网络涉及三次产业，产业领域较宽，农村不像城市，企业之间空间距离较远，园区地理范围较大，适合用产业生态网络的模式，即工业部分（如农产品加工业）相对集中，可以采用普通的生态产业园。农业种植、养殖和农村社区通过虚拟的形式参与，构成整体的产业生态网络，形成企业或产业共生关系，实现农业产业生态化。农工产业园由于涵盖了三次产业，产业共生选择空间大，比较灵活，有利于形成稳定运营的生态产业体系。

城市工业和社区系统排放的污水，经过污水处理厂的处理，一般可以达到非水源地区的排放标准，但仍然含有污染物，大量的排放仍然面临总量排放的限制，仍然存在破坏环境的可能性。在城乡产业生态网络平台上，这些达标废水，可以用于近郊地区的花木苗圃、近郊旅游观光、高尔夫球场用水，将达标的残余污染物分散到环境中延长环境自净时间进而分解。城市工业和社区排放的固体垃圾，则可以在分类回收利用的基础上，将有机部分和可以有效降解的部分转做农业肥料，减少垃圾处理的压力。城市工业系统排放废水中所含余热，则可以用于养殖业和温室种植业。

因此，近郊区一些体育、旅游、休闲产业（如高尔夫产业）发展，就可以融合到城乡经济生态一体化的发展中去。只要不占用耕地，郊区有可以利用的荒地，就应该站在城乡产业生态一体化的高度来看待高尔夫球场的建设，而不是一味地打压和禁止。城市近郊区域的绿化和净化功能建设可以和高尔夫球场的建设相结合，以提高城市绿化率，改善景观和旅游功能。高尔夫球场作为消费者重要的体育和文化休闲项目，大大提高了城市的文化品位，提升了城市品牌，改善了投资环境，同时又带动了相关产业链环节及整个服务业的发展。净化功能主要是绿色草地通过光合作用吸收二氧化碳，并排放氧气，减少空气中温室气体的含量来改善空气的质量。

因此，可以根据区域资源优势设计城乡产业生态网络的如下几种模式，以促进城乡产业生态一体化发展：

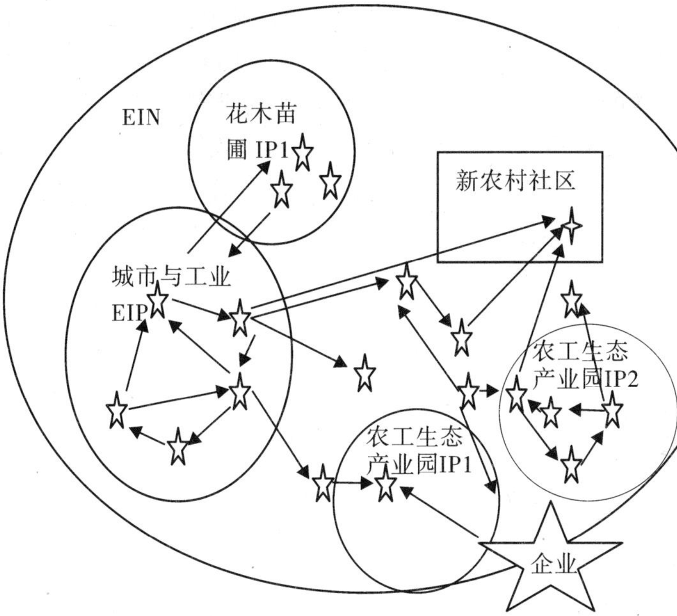

图 11－2 城乡产业生态网络（模式一）

注：根据石垚（2011）修改。

模式一：由工业—城市—社区—花木苗圃—农工生态产业园—新农村社区共同组成，适合农副产品丰富、花木苗圃行业兴旺的大型城市和地区，如图11－2所示。这种模式中的核心是城市社区与工业构成的生态园 EIP，企业清洁生产、工业共生、消费者绿色生活方式、城市与工业的耦合等是其主要特点。近郊区由于担负着分解和净化城市化、工业化排放的污染物的任务，因此以花木苗圃满足城市的绿化需求；稍外围的农工生态产业园既能促进农村经济发展又能保护生态环境，并与新农村社区耦合；最外围是广大的农村地区。

模式二：由工业—城市—社区—近郊旅游产业—农工生态产业园—新农村社区共同组成，适合于中心城区污染物排放较轻、城郊农业和人文旅游资源丰富的大中型城市和地区，如图 11－3 所示。近郊区发展旅游观光业而不是花木苗圃行业。

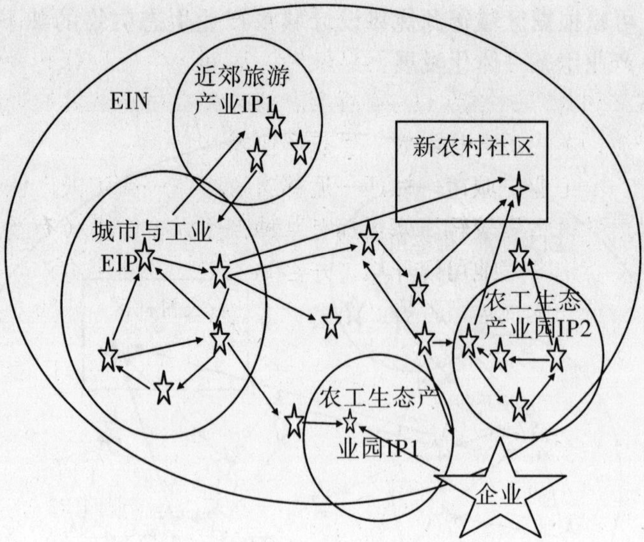

图 11－3　城乡产业生态网络（模式二）

注：根据石垚（2011）修改。

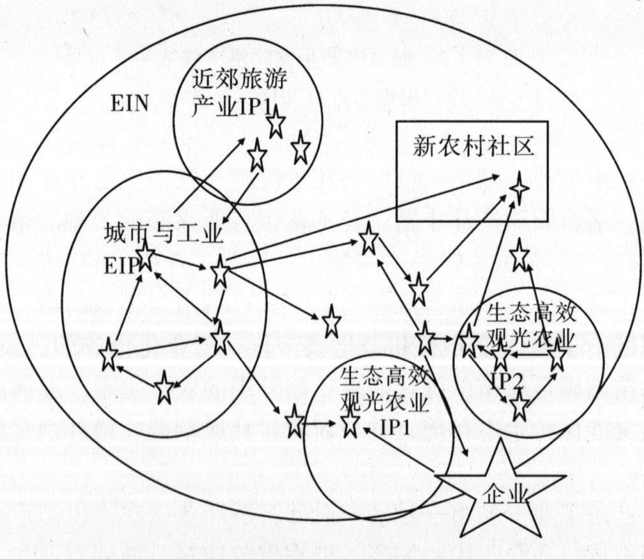

图 11－4　城乡产业生态网络（模式三）

注：根据石垚（2011）修改。

模式三：由工业—城市—社区—近郊旅游产业—生态高效观光农业—新农村社区共同组成，适合于城区污染较轻、远郊区生态良好和特色农业发达的大中型城市和地区，如图 11－4 所示。郊区和农村地区具有较好的生态农业和旅游资源，不太适合建设农工生态产业园。

模式四：由工业—城市—社区—近郊旅游产业—高尔夫产业—新农村社区组成，对于城区污染较轻、郊区拥有某种自然资源优势（有适合建设高尔夫球场和相关设施的荒地可以利用，并且高尔夫运动休闲客户市场大，常年有适宜高尔夫运动的气候条件等）的大中型城市和地区，如图 11－5 所示。

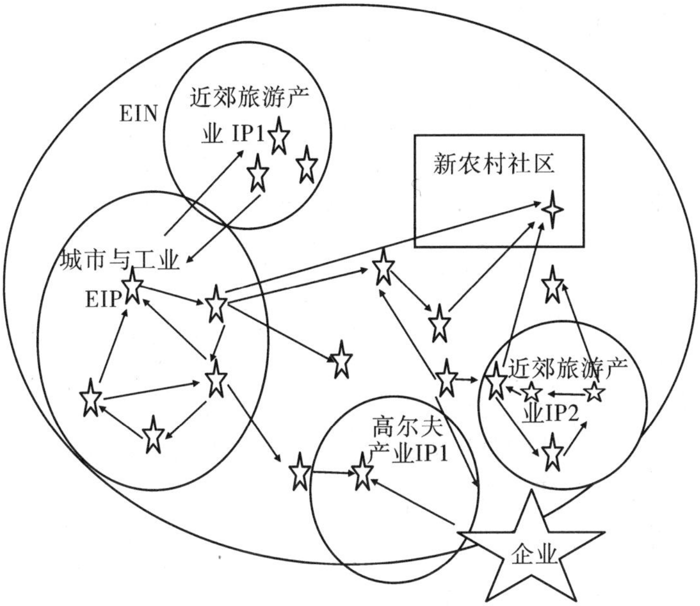

图 11－5　城乡产业生态网络（模式四）

注：根据石垚（2011）修改。

城乡产业生态网络建设还要考虑城市的动态扩张会使得城市规模越来越大，由于城区土地升值、环境规制越来越严格，在经济发展过程中城市中心区的产业通常有向外迁移的趋势，在城市周边形成工业园区和卫星城，这符合城市经济发展生态化的总体趋势。旅游景区密度的分布半径不是一成不变的，随着城市规模的不断扩张是逐渐增大的，而且城区产业外迁过程中形成的工业集聚区和卫星城将对上述规律形成干扰。

11.3 以构建广州城乡产业生态网络为例

广州常住人口已经超过1 000万，城市的发展以越秀、天河、海珠等核心城区为基础，而增城市区、新塘区、番禺区、南沙区、花都区、白云区和从化市区则成为典型的次中心区。进入工业化中后期的广州基本形成了以重化工业（石化、钢铁）、装备制造业（汽车及零部件）、造纸、生物制药和电子信息等为主导的工业结构，广州的城市人口规模较大，和周边珠三角大部分城市距离均在100公里左右，离佛山市最近，已经基本是同城化关系，正在实现基础设施共享和城市生态经济一体化，因此，广州市应该有条件构建区域城乡产业生态网络。从污染物排放和生态系统安全的角度来考虑，上述这些核心区和次中心区周边其实都不适合布局乡村旅游点和生态旅游带。城市郊区和次中心区周围则可以发展花木苗圃，服务城区绿化功能，往外围再发展乡村旅游点、生态观光农业和乡村旅游功能区。

张春霞等（2010）曾研究广州市乡村旅游供给空间结构特征，结论是广州周边比较成规模的118个乡村旅游点基本上按照吴必虎等（2004）提出的随距离衰减模型来分布，但具有沿交通干线聚集寄生的交通指向性。考虑到广州重化工业发达、人口规模大、流动人口多、人流密集等特点，城区排放的污染物较多，城市周边以农田和林地为主，土地供应紧张，适合建高尔夫球场的荒地不多，城乡产业生态网络的建设可以参考本书提出的模式一（见图11－2）。

但广州附近的新塘工业区、广州经济技术开发区、黄埔工业区、南沙开发区等距离广州市中心都超过20～30公里，新塘工业区服装业排放的大量污水对环境（土壤、水体、大气）造成严重的破坏和影响（吴娓婷，2010）。尽管这个地带应该属于乡村旅游点分布较密集的地带，但由于存在次中心区或新兴工业开发区的干扰和环境污染物的影响，这些地区不适合布局乡村或生态观光农业旅游点。

广州城市周边布局，应该保留一定的生态农业、观光农业、乡村旅游点，保护好周边的森林和植被，这是广州市城市生态经济建设的重要生态屏障，又可以为城市居民提供休闲度假娱乐的好去处，可以满足居民日益提高的消费需求。从三次产业的融合来看，第一产业不仅是国民经济的重要组成部分，而且是构建城市生态经济系统的重要保障，可以与第二、第三产业充分融合，在一定程度上分解和净化第二产业产生的工业污染物，分解城市生活污染排放物，同时又有力地支持旅游休闲产业的发展，将第一产业的农业、渔业、森林农场等发展成为高附加值的特色产业。在充分满足城市居民需求的同时，也可以为供给方（主要是农民）带来收入，解决就业问题，而不是一边倒地鼓励农民从第一产业转移到第二产业。因此，构建城市生态经济系统需要保持一定的第一产业比重，而不是像深圳那样，在三次产业构成中几乎完全没有第一产业。

同时，遍布广州城乡各地的湿地是广州生态系统中的重要组成要素，对于分解工业化和城市化的污染物具有举足轻重的作用（庄大昌，2010），而且其本身也是重要的生态旅游资源。广州市周边乡村旅游点的布局还需要统筹考虑湿地的分布特征、“分解”功能和旅游功能。

12 区域旅游产业生态网络的有效规模研究

随着我国经济社会的不断发展，经济结构转型日益重要，两型社会构建、循环经济、产业生态化、可持续发展、低碳经济、节能减排降耗、绿色GDP核算、经济发展方式转变等概念层出不穷，一方面反映出我国总体已经进入工业化的中期，面临的资源环境压力日益严重；另一方面我国消费需求逐渐升级，对休闲度假旅游、文化创意产品的需求日增。但旅游业过去几十年的发展同样带来了资源环境破坏、投资无序、负外部性明显、游客消费污染严重等问题。因此，旅游业不仅需要在更高的层次上进行宏观调控，也需要加强旅游业与其他行业的融合，进一步加强旅游业与城市化的关联，实现旅游业和城市生态经济的可持续发展。

近年来，“旅游生态产业园”的概念在一些媒体报道中开始出现，一些厂商基于国家的政策环境和自身发展战略调整的需要，也开始寻求旅游产业的生态化发展，反映出我国旅游业的厂商和投资主体已经将工业和产业园的概念延伸到了旅游业（王坚，2010）。旅游生态产业园的经济学本质是旅游产业集聚和产业生态化的统一。国内关于旅游产业集聚的研究较多（王润、刘家明，2012），主要集中在旅游产业集群的核心概念辨析，基础理论，与区域发展的关系，形成机制与演化规律，内部的竞合关系与联系网络，福利效应，旅游产业集群的结构、类型和竞争优势等几个领域。国外研究（冯卫红、苗长虹，2009）集中在旅游产业集群的形成条件和竞争优势、集群中的就业和劳动力分配、旅游产业集群中的企业网络和社会资本、旅游产业集群内企业的竞争和合作等方面。

国内关于旅游产业生态化的研究主要是产业生态学的概念、思想、研究对象、研究方法、研究框架、理论基础、路径、生态化转型的路径等理论层面的探索（明庆忠、李庆雷、陈英，2008；李庆雷，2011），将循环经济的概念应用到旅游产业生态化（袁花、明庆忠、吕利军，2009）、旅游集群的生态成长特征与旅游产业集群生态位变迁特征等（王兆峰，2007）。李庆雷（2011）对传统旅游产业系统和自然生态系统食物链结构进行了分析，认为旅游产业生态化转型的关键环节是清洁生产、绿色消费和生态修复。

国内外近年来出现了一些关于产业生态网络较重要的研究和实践，但在旅游产业上的应用还没有引起人们足够的注意。政府部门的产业或区域发展规划、政策法规、政府补贴等引导性行为对产业生态网络的启动有一定的推动作用，但最终要通过市场机制才能促进其纵深发展和获得成功，并实现良好的资源环境绩效和经济社会可持续发展（Desrochers，2004；Heeresa et al.，2004）。区域产业生态网络应有一定规模，合理规模取决于运输、交易成本和园内企业效益之间的平衡（Sterr & Ott，2004；Roberts，2004），在比生态产业园更大的区域层面上进行区域副产品交换，构建生态工业网络有一定的可行性（Desrochers，2002），也存在成功的案例（Sterr & Ott，2004），但区域内参与企业之间的沟通、诚信、合作关系构建有困难（Lambert & Boons，2002）。

本书提出旅游行业构建区域产业生态网络的设想，分析其内涵、特征，重点研究其有效规模，为生态旅游产业园或产业集聚的规划和建设提供某些理论和方法探索。本研究有利于避免概念、内涵不清导致过度投资，或引起资源的过快开发，或产生巨大的资源环境负外部性，不至于让“旅游生态产业园”这一可持续发展理念像前几年的“生态旅游”概念那样过于泛滥，反过来阻碍“生态旅游”本身的发展。

12.1　旅游产业的外部性与产业生态演化

传统的旅游业重点围绕“六要素”来构建自己的产业链，在缺乏环境规制约束的条件下，这些产业链环节的建设和运营可能产生较大负外部性①，主要集中在酒店、餐饮、交通、景区开发与建设或运营等环节。例如，景区开发建设可能对原生态的旅游资源构成过度的破坏，也可能对周边环境构成环境和舒适性的破坏。景区、酒店、餐饮的运营需要控制好污染物的达标排放或零排放，包括生活垃圾、废水、废气和噪音等。

---

①　也可能存在特例，例如，华侨城集团近期建设的欢乐海岸和湿地旅游项目，充分体现了央企的社会责任感，投入2亿多元用于整治环境，将昔日遍布排污口和垃圾排放物的滩涂变成了集景观、文化、美学、科教、环保、生态、娱乐、商业等于一体的著名城市湿地旅游区。该项目体现出来的外部性应该是正面的，尽管投资者的回报需要时间并面临挑战。

为了协调开发与保护的关系，需要建立环境规制来约束企业的行为，将环境外部性内化，将外部环境成本内化为企业的决策成本，主要的内化手段包括排污费、环境税、排污权交易体系等。在我国现行的《环境影响评价法》和各种环境规制或环境标准的框架下（崔莉凤，2005），这些旅游项目的环境影响问题有望逐步内化为旅游企业的内部决策成本，迫使厂商较好地通过清洁生产手段进行控制，在旅游产品与工艺设计、运营管理和绩效评价中引入资源能源利用率和环境保护指标，通过合理的产品与绿色设计的工艺减少资源能源消耗和实现低碳化，使得产品生命周期终结后有利于回收或再资源化，充分考虑水资源和其他资源能源的循环使用，从而减少污染物排放（见图12－1）。

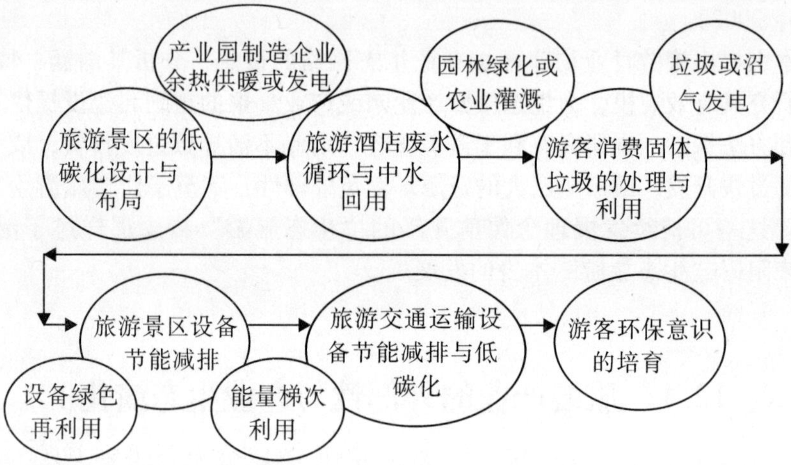

图12－1　旅游产业生态化概念

由于受技术所限，环保措施和工艺技术并非万能，尽管有越来越严格的环境规制的约束，厂商面对过高的技术成本时往往会选择排放，而不是自身的清洁生产或节能减排。而且有一些污染排放物在本行业内不能得到很好的处理、分解或净化，在其他行业内却可以做到。所以旅游业本身的产业链应该和其他产业之间构建完善的共生耦合关系，实现产业生态化，使得旅游产业对外排放的污染物最少，将环境影响降低到最小。旅游相关产业形成的共生耦合关系包括能量的梯级利用和实现节能减排降耗。例如，南海西岸旅游产业园项目与广东京信电力集团有限公司合作推进电厂热电冷供项目，电厂的热量回收直供南海西岸旅游产业项目生产经营使用，热能回收利用，实现循环经济，低碳节能（南海西岸旅游产业园，2012）。

在旅游产业生态化框架下，必须在导游、旅游从业人员、消费者或旅游者之中开展生态环保教育，提高利益相关者的生态环保意识，提倡绿色的投资、经营、管理、出行和消费等。要延伸生产者的环境责任，进一步明晰资源环境产权，通过环境规制将旅游业相关的外部性环境成本内化为厂商的内部成本，纳入生产者的决策之中，才能迫使企业遵循绿色制造、绿色生产的规律，在市场机制的作用下，形成旅游产业生态系统和结构，最终成功演化为旅游生态产业。

12.2　旅游产业生态网络的内涵与特征

近两年国内文献上逐步出现的相关概念是“旅游生态产业园”，特指以自然生态旅游为导向的旅游产业集聚区，更多的是和乡村游、围绕自然保护区或森林公园开发的旅游景区相关联，近期媒体报道较多的典型代表如四川的大溪谷（花样年生态旅游策划有限公司，2012）、广东的五指石（五指石生态旅游产业园，2011）、山西的杏花村生态旅游产业园（吕梁热线，2011），都是基于某一个景区为主策划出来的。笔者认为，这些所谓的“旅游生态产业园”更多的是根据工业生态产业园的概念所做的揶揄，缺乏旅游产业外的企业或利益相关者参与，小级产业共生的机制，并不属于经济学意义上的旅游生态产业园。而且，由于旅游产业本身跨度大，产业范畴、地理边界都比较宽，“六要素”相互之间的距离可能比较远，还需要城市或社区的支撑，更适合用“区域产业生态网络”的模式（李广明、黄有光，2010）来实现产业生态化过程。

根据业界的定义（东莞市清洁生产科技中心，2008），“生态产业园是依据循环经济理论和产业生态学原理设计而成的一种新型产业组织形态。其根本目标是使整个产业园区和环境之间做到高效、和谐发展；其考察指标是生态效率的高低，即单位经济产出的资源消耗和环境排放；其实施手段包括生态规划、废弃物交换、循环利用和清洁生产等”。因此，从生态产业园演变而来的“旅游产业生态网络”的内涵应该主要体现在产业链的关联、产业之间的共生耦合，且能够形成产业集聚，具有产业集聚的共性特征，不要求园内企业共处于一个园区或地理空间，而只是要求企业通过信息平台和网络，在诚信、共有利益和链接可能性的条件下共同形成产业生态网络。从经济学意义上讲，其主要的特征内涵应该是：

（1）纵向产业链。位于“旅游产业生态网络”内的企业沿产业链的关联，主要体现在旅游资源规划与开发、景区运营管理、旅行社组团、导游服务、酒店住宿、餐饮小吃、交通运输服务、旅游购物、文化习俗体验、特色娱乐、会议展览等各个环节，实质上还是围绕传统的“六要素”来关联的（见图12-2）。除了旅游产业的“正产出”，这种关联还要体现出各环节废弃物是该产业的“负产出”（虚线），通过“分解者”企业关联实现循环经济的减量化、再循环、再利用（3R）原理。

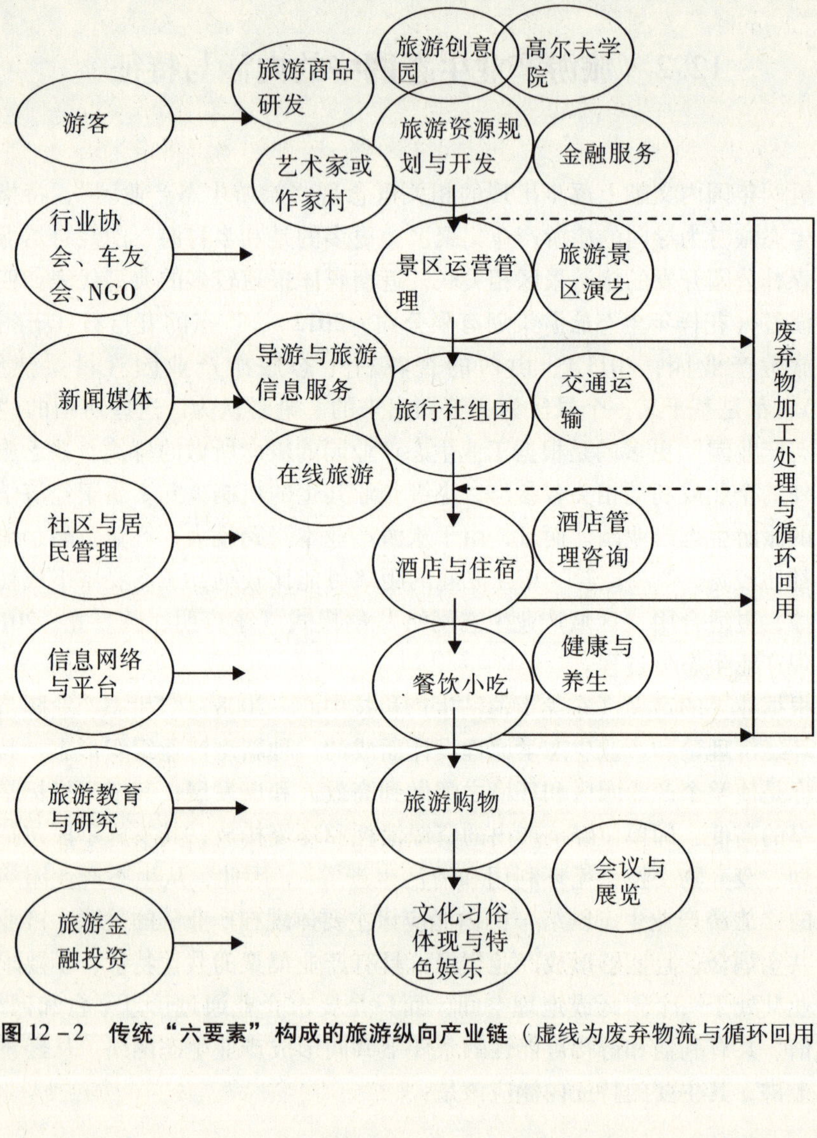

图12-2 传统“六要素”构成的旅游纵向产业链（虚线为废弃物流与循环回用）

（2）大产业融合。“旅游产业生态网络”的特征应该体现不同产业之间的融合，即产业链应该超出旅游产业的范畴。一是体现在旅游业与农业、林业为主的第一产业的融合，以乡村游、森林旅游、生态旅游的形式表现出来，像台湾的驻村艺术家制度，专家到乡村或深山老林去，可以帮助研发文化、民俗和农业旅游产品；二是体现在旅游业与装备制造业或工业的融合，如旅游直升机、房车、游轮、游艇等，都和旅游业有直接的关系（见图12－3）；三是体现在旅游业与旅游用品制造业的融合，例如相机、帐篷、缆车绞车、过山车、高尔夫球具等，都可以赋予旅游功能；四是旅游业与其他第三产业之间的融合，例如，传统的手工制造业（旅游产品的设计和开发）、文化创意产业、智慧城市建设、智慧景区建设、信息技术、演出演艺业、健康养生，都可以因为与旅游业的融合而产生出新的内涵和新的附加价值。图中虚线表示的是不同产业之间的能量梯级利用、废弃物互为利用，从而在更宽广的范围内实现产业之间的共生耦合和循环经济的“3R”原理。

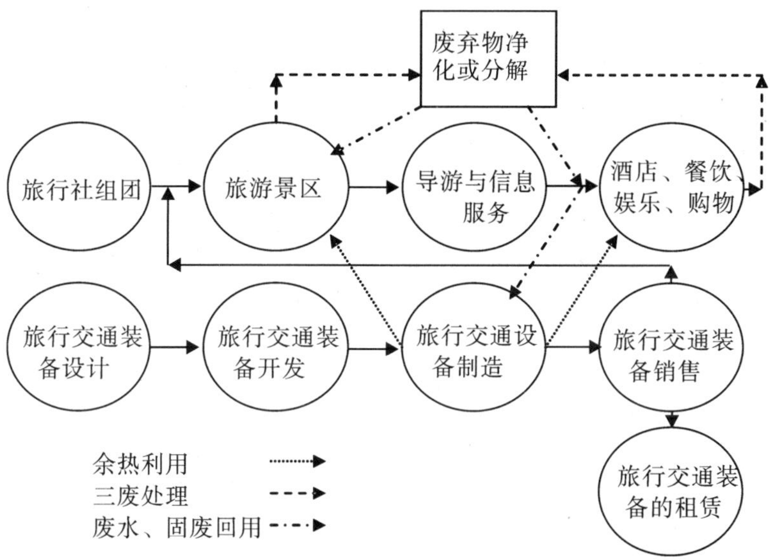

图12－3 旅游传统产业链与交通运输装备业的交叉融合

（3）多产业网络。多产业链同时存在是“旅游产业生态网络”的另一个特征，围绕旅游信息化建设和旅游电子商务建设，需要开发很多适合于旅游业特点的软硬件产品。“旅游产业生态网络”由于地理范围较普通景区大而更加需要信息技术的支撑来提高网络内部管理水平，并与网络外部连成一体。

例如，“旅游产业生态网络”中的旅游产业链，将“吃住行游购娱”各要素集聚起来（见图 12－2 所示）；文化产业链包含道教文化、客家文化、海洋文化、养生文化，非物质文化遗产的传承、培训、展示、产品开发和销售，旅游文化娱乐的开发、培训、演出，旅游与文化的结合使得旅游产品更有内涵和品位（见图 12－4）；商业产业链使旅游商品或纪念品的设计、生产和销售成为一体（见图 12－5）；不动产产业链则将旅游者转化为居住者（见图 12－6）。而这种多产业网络之间更加容易形成产业共生耦合关系，可实现“负产出”的减量化、再循环、再利用（即“3R”），提高旅游的产业生态化水平。

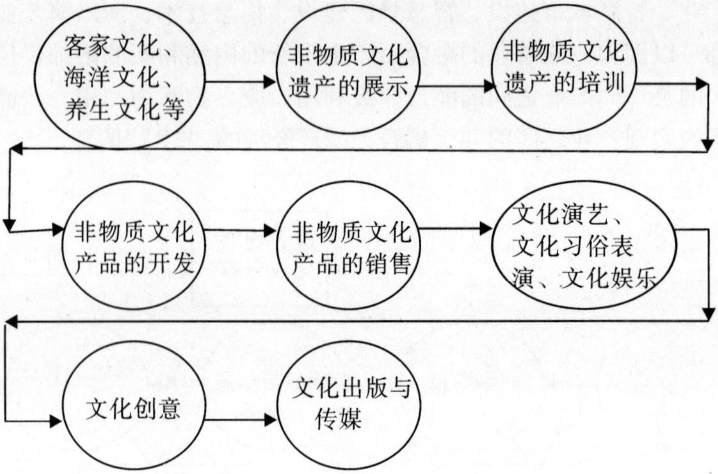

图 12－4　旅游产业园内的文化产业链概念

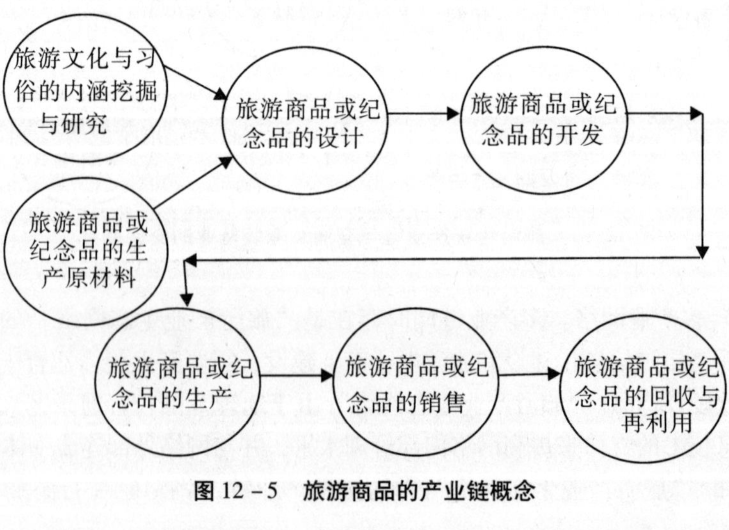

图 12－5　旅游商品的产业链概念

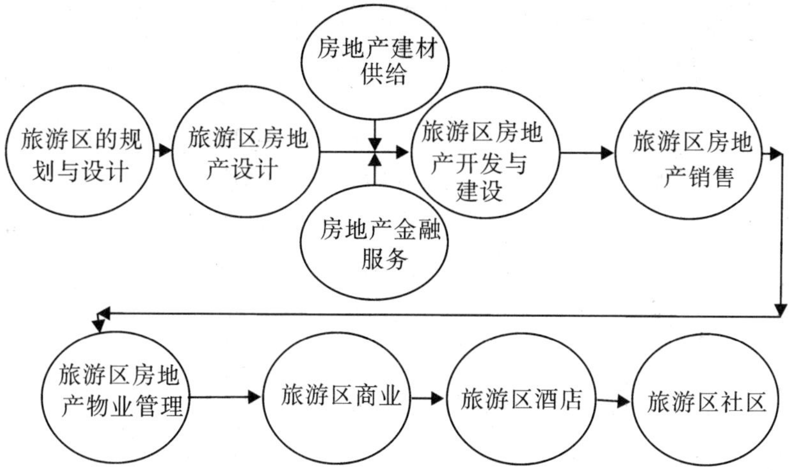

图 12－6 旅游房地产的产业链概念

（4）宽地理范畴。就国内现有的旅游业态来看，所谓的“旅游生态产业园”的地理范畴还是限于以某一个景区为核心打造出来的生态旅游区，区内可能包含上述“六要素”的各个环节，也可能包含“六要素”以外新的业态，如旅游产业的研发、生产、销售、培训等，园内有旅游创意园、专家村、旅游商品研发和博览中心、高尔夫学院、旅游演艺中心等，具有强大的原创能力。例如，北京市郊区做得比较成功的蟹岛生态农业旅游园区就是由循环经济的理念演化而来的，面积约 3 300 亩，而正在建设中的南海西岸旅游生态产业园则占地更多，约有 8 500 亩（王坚，2010）。允许在宽广的地理范围内实现旅游企业与利益相关者之间形成共生耦合关系是“旅游产业生态网络”最重要的特征。这个地理范围理论上讲是无限的，包括较远的城市和社区，通过交通和信息网络实现“负产出”的交换、流动、处理与再利用，只要经济上、技术上可行就可以包含在网络的范围之内。

（5）属生态旅游。就国内谈论的“生态旅游产业园”和本书提出的区域旅游产业生态网络的业态来看，地理位置基本上是以某一个自然生态景区为主，离城区较远，不像生态工业园，离城区比较近，可以共享城市的一部分基础设施。按照世界自然保护联盟（IUCN）对生态旅游的定义（Weaver，2004），“生态旅游是在一定自然地域中进行的有责任的旅游行为，为了享受和欣赏历史的和现存的自然文化景观，这种行为应该在不干扰自然地域、保护生态环境、降低旅游的负面影响、为当地人口提供有益的社会和经济活动的情况下进行”。“旅游产业生态网络”除了有利于当地经济社会的发展，为当地居民提供就业，还有利于满足游客有关生态旅游的各种需求，同时能够通过“3R”原理，提高能源资源利用率，减少废弃物对环境的影响，有利于保护好园区内外的生态环境，能够对当地居民社区负责，是基于旅游开发与自然环境保护相协调的一种旅游新业态，这种“旅游产业生态网络”应该属于生态旅游的范畴。

12.3 旅游产业生态网络的最优规模

由于旅游资源的分布在地理上相对比较分散，传统的旅游企业往往不处于同一地理范围内（见表12-1），除了城区的人文景观，其他景区大部分位于远离城市的山区、农村或滨海，而酒店、餐饮、购物、娱乐则往往位于城镇区和周边，旅行社则往往在客源地或目的地的城区，导游服务则可能同时分布在客源地、目的地城镇和景区。相关的旅游规划、旅游教育、旅游产品开发、文化创意等类型的企业，则往往在人力资本和配套生产要素比较集中的大城市。只有旅游产业集聚区出现后，这些企业的地理位置才变得相对集中，但也仅仅停留在以景区、酒店、餐饮、娱乐、购物等为核心外加旅游配套服务企业的产业链部分。也就是说，传统生态产业园的概念往往要求成员企业处于同一地理位置，不太适合于旅游产业，旅游产业的上述特征决定了旅游企业难以全部搬入旅游生态产业园。如果进行超越旅游业的“大产业融合”，就更不可能，而恰恰是旅游产业生态网络更加适合于旅游产业生态化和可持续发展的要求。

表12-1 旅游产业各类企业地理位置分布特点

序号	旅游企业	主要地理位置	次要地理位置
1	旅游景区	山区、农村、滨海	城区、乡镇
2	酒店	城区、乡镇	山区、滨海
3	餐饮	城区、乡镇、郊区	山区、滨海
4	购物	城区、乡镇	山区、农村
5	娱乐	城区、乡镇	山区、滨海
6	游憩休闲	山区、滨海	
7	交通	城区、乡镇	

（续上表）

序号	旅游企业	主要地理位置	次要地理位置
8	导游服务	城区、景区	客源地
9	其他旅游服务	城区	
10	旅游产业集聚区	山区、农村	城市

注：笔者整理。

结合国内外旅游产业的实践和产业生态学原理，可以对旅游产业生态网络的可能模式做系统归纳（见表12－2）。

表12－2　旅游产业生态化的模式设计

序号	网络覆盖的大致地理范围（km^2）	旅游产业生态化模式	案例
M1	小于1	旅游企业清洁生产	绿色饭店、绿色景区、生态旅游示范区
M2	1～5	旅游大企业集团内部企业共生	华侨城集团、蟹岛度假区
M3	5～10	旅游产业集聚	东部华侨城
M4	10～50	多产业共生网络	南海西岸旅游生态产业园
M5	大于50	区域产业共生网络	未见

注：笔者整理。

旅游产业的生态化首先要求各类型的旅游企业要开展清洁生产（M1），在自身的生产经营活动中要做到自然资源和能源消耗减量化，要循环使用可循环使用的生产资料，减少单个企业对环境的排放。只有这样，才能够在构建产业共生耦合关系以前，将资源节约、环境保护责任延伸到生产者企业当中，将废弃物排放降低到最小程度，不至于使得大量的废弃物排到企业之外，导致产业共生网络的负担过重，这也是构建旅游产业生态网络的基础。当然，这些单体企业本身可能是大集团公司（如华侨城集团），下属有很多企业，集团公司内部就可以构建企业共生内网络（M2），行使“3R”职能。

其次，地理位置比较集中或相近的旅游及相关单体企业之间、旅游集聚区内的企业之间，可形成较低级别的产业共生网络关系或产业集聚（M3），将自身清洁生产中难以处理（出于技术或经济上的原因）的废弃物交由不同产业归属的企业或技术环节处理或“分解”。例如，重化工业的蒸汽、冷却水等，有富余的热量，往往用于余热发电、城市或附近的景区、酒店的供热。

再次，地理位置相隔比较远的旅游及相关企业之间可以形成较高级别的“旅游产业生态网络”（M4），这种共生关系不要求企业地理位置集中或者相邻，而要求通过信息技术和交通运输网络维系在一起，使得生产的副产品在企业间发生交换。该网络涵盖的产业范围可以包含超越旅游业的“大产业融合”的各类企业，以及加工制造业和农林牧副渔业等，属于不同产业之间的共生网络。

最高级别的“旅游产业生态网络”涵盖了更大地理范围的企业、城市社区以及广阔的农村地区，往往是区域性的产业共生网络（M5），可以实现废弃物在整个社会中的大循环，既包含生产环节，也包含生活消费环节排放的废弃物。因此，该共生网络对信息技术网络和交通运输网络的要求更高，对能源价格、运输网络的便利性、物流体系的完善程度等因素会更加敏感。这对共生网络运行的稳定性提出了更大的挑战，对于社会诚信体系、人力资源质量、社会网络的发达程度等，都有较高的要求（李广明、黄有光，2010）。

从表 12-2 可以看出，随着旅游产业生态化的规模逐渐扩大，旅游产业共生网络覆盖的地理范畴也越来越大。网络的最有效地理范畴或者规模，主要取决于交通运输成本和网络带来的各种收益的大小，这些又由能源价格高低、交通网络便利性、废弃物对环境的破坏性、再利用的有价资源的市场价格等要素决定（李广明、黄有光，2010）。假如某个区域只有一个产业生态网络，根据旅游业的行业特点，在该区域的传统产业链基础上构建其产业生态网络引致的成本 C 则主要包括：

（1）运输成本（TC）。区域旅游生态产业共生厂商的废弃排放物（如污水或固废等）比较分散，需要集中到某一个或几个厂商统一处理，才可以保持过程的连续性，获得规模经济、集聚效应和范围经济等。考虑到旅游生态产业共生的特点，收集过程中产生的运输成本是比较重要的一项成本。废弃物的回收加工利用环节需要通过区域产业链内的“补链”来形成，位置相对集中，故 TC 的大小应该主要取决于区域旅游产业生态网络的规模或地理范围的大小，为方便研究问题，可以将网络规模简化为以网络核心（通常为龙头企业或城市中心）为原点的区域半径 R。通常意义下，R 越大，网络规模越大，覆盖的地理范畴越大，运输成本越大。

（2）场地堆放或仓储成本（WC）。主要取决于固体废弃物的体积或重量。

（3）废弃物的处理或加工成本（RC）。与废弃物处理或从中提取有价组分的具体工艺的技术水平有关。

（4）构建区域旅游产业生态网络引致的固定资产投资的折旧（D）。影响该投资的一个因素是生态产业网络的技术水平，在较高的技术水平下，设备（如废弃物处理或信息技术与管理系统）投资大，而技术更新改造也带来额外的投资费用，从而增加投资额。产业生态网络越大，区域半径 R 越大，收集废弃物越多，需要有更大的“分解”产能来分解这些“排放物”，所以投资规模越大，折旧越大。

（5）网络内厂商之间的交易成本或网络管理协调成本（DC）。区域半径 R 越大，网络内厂商数量越多，相隔越远，联系越松散，厂商之间的协调成本、信息平台建设成本、交易成本等越大。

在该区域的传统产业链基础上构建旅游产业生态网络带来的收益 B 则主要包括：

（1）有价组分的主要效益体现（S）。在于产业生态网络所回收的有价组分的市场价值。

（2）节省的自然资源的价值（N）。由于废弃物的回收可以作为生产材料循环利用，代替从自然界开采的资源，从而减少了原始自然资源的开采，节省了自然资源资本的消耗。

（3）使用者成本的节省（U）。由于废弃物的回收循环使用，节省了作为本国资本存量（绿色 GDP 核算法）的原始自然资源。如果本时期地球上的自然资源被开采的量少，留给未来某一时期开采使用的稀缺资源就多，体现了机会成本或使用者成本的减少，节省了自然资源消耗引致的稀缺租金。

（4）环境改善带来的额外收益（E）。由于区域产业生态网络的建立回收了废弃物，减少了排放及环境损害，包括重金属、废气（水、固体）、BOD、COD 等对人体的伤害和对环境生态的损害，空气质量降低，水质恶化，对农业生产的不利影响，对气候的不良影响等，体现为居住、生活、工作等环境改善对应的经济价值。

（5）更大的消费者剩余（CS）。游客的旅游消费或体验活动带来消费者剩余，由于旅游环境的改善，游客的支付意愿增加，消费者剩余增加，体现为社会福利增加。这个额外的收益是工业产业生态网络所没有的。

区域旅游产业生态网络的净经济收益 π 可以近似表示为：

$$\pi = B - C = (S + N + U + E + CS) - (TC + WC + RC + D)$$

约束条件：$\pi \geqslant 0$，$R \geqslant 0$。

上述成本和收益各项中，交通运输成本和固定资产折旧、环境改善和消费者剩余增量是最重要的。参考笔者前期的定量研究模型（李广明、黄有光，2010），如果以区域半径 R 作为变量，旅游产业生态网络的边际收益 MB 随着 R 的增大而递减，边际成本 MC 随着 R 的增大而递增。就区域旅游产业生态网络的模型而言，增加了消费者剩余 CS 变量。随着 R 增大，网络规模增大，旅游环境改善，CS 的边际量也应该是递增的，因此，MB 总体趋势递减不变，如图 12－7 所示。当 MB 等于 MC 时，所对应的区域半径 R_0，就是区域旅游产业生态网络的有效半径或最优区域半径或最优规模，此时构建生态网络的净经济收益最大①。图 12－7 表明，旅游产业生态网络的边际收益较工业产业生态网络高，对应的最优区域半径或规模更大，这是旅游产业的独有特征所决定的。

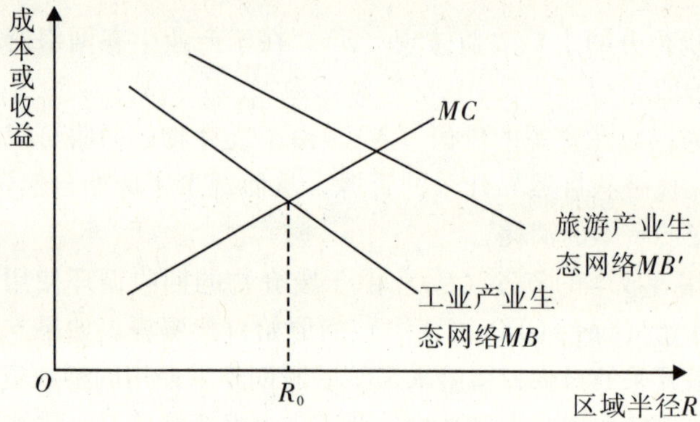

图 12－7　旅游产业生态网络的边界成本 MC 与边际收益 MB

表 12－2 所示的旅游产业生态化的最后一种模式（M5），是必须通过信息技术网络和交通运输网络维系的产业共生关系。产业网络覆盖的地理范畴有可能远大于 10 平方公里，构建的区域旅游产业生态网络的区域半径 R 或地理范畴有可能远大于其有效半径 R_0。通常情况下，如果区域旅游产业生态网络以城市或者遥远的旅游景区为中心，那么需要布局产业网络的数量取决于标志性产业中心的数量和网络的最优区域半径 R_0。如果网络的最优区域半径 R_0 不能覆盖整个产业区域，意味着往往要布局两个区域旅游产业生态网络，条件是两个网络的净收益之和大于一个网络的净收益（因为受地理空间所限，两个网络各自的规模或半径可能小于最优区域半径）；如果两个最优

① 也就是说，产业共生网络的规模或范围大小取决于相关的边际成本和效益，存在一个最优区域半径，使得该网络的经济净效益最大。

区域半径无法覆盖整个区域，可能需要布局三个旅游产业生态网络，条件是三个网络的净收益之和大于两个网络的净收益之和（三个网络各自的规模可能小于两个网络中各自的规模），以此类推，如表12－3所示。

表12－3　旅游产业生态网络空间布局设计

判断条件	共生网络数量	约束条件
R 小于 R_0	1	构建网络的 $\pi>0$
R 大于 R_0	2	两个网络的 π 之和 > 一个网络的 π
R 大于 $2R_0$	3	三个网络的 π 之和 > 两个网络的 π 之和
R 大于 $3R_0$	4	四个网络的 π 之和 > 三个网络的 π 之和
⋮	⋮	⋮

注：笔者编制。R：区域半径或地理广度；R_0：最优区域半径；π：区域旅游产业生态网络的净经济收益。

12.4　主要启示与对策建议

由上述分析可以看出，旅游产业生态化的核心是产业融合，关键是清洁生产、产业共生和产业耦合。通过产业融合提升旅游产业的增加值，拓宽产业范畴，派生更多的旅游产业不同业态，以实现旅游产业的转型升级，提供更宽的旅游产品谱，以满足不断提升的旅游需求。旅游业的清洁生产及其与其他产业的共生和耦合则可以通过物质与能量的循环使用，降低资源的消耗，减少污染物排放，提高资源能源利用率，实现污染排放物的达标排放或者零排放。

为了推动旅游业的科学发展，需要建设以旅游业为主导、旅游业与其他产业融合互动发展的新型大型旅游项目。旅游产业生态网络的建设，可以推动旅游产业转型升级，填补区域在现代服务业发展缺乏龙头项目的空白，并以旅游产业升级带动社会主义新农村建设，有效提升现代服务业发展的整体形象。这一新型产业形态的出现，将为旅游大发展增添强大动力。

在我国谋求经济社会发展方式转型的现阶段，旅游产业生态网络是一个可以推广的发展模式。旅游业发展本身就需要政府的前期投入和引导，政府至少在如下几个方面可以有更大的作为：

（1）政府在推动旅游产业生态网络发展的过程中，需要以其独特的经济学特征作为指导。认定旅游产业生态网络的资格时要把握好标准，切忌降低条件使其过于泛滥。

（2）旅游产业生态网络规划的编制，要与城乡规划、区域规划、产业规划和环保规划相衔接，要考虑到旅游业与其他产业之间的融合，也要考虑到资源循环、节能减排降耗以及区域生态环境保护的需要。

（3）政策与环境规制的颁布重点是将资源环境的外部成本内化为企业的成本，迫使企业在经营决策中考虑这些成本，延伸企业的资源环境保护责任和社会责任。可以考虑的手段包括环境税、排污费、排污权交易、政府专项补贴和推广清洁生产等。

（4）区域旅游产业生态网络的构建和空间布局要考虑其最优区域半径或最优规模，根据产业区域的地理范畴综合考虑和有序规划，避免盲目地在区域内布局旅游产业生态网络。

（5）我国近期出台的《国家生态旅游示范区建设与运营规范》，对于遏制“生态旅游”过度炒作、推动“生态旅游”的健康发展有重要意义。这个规范的出台将是旅游产业生态网络建设的重要抓手，也是旅游产业生态网络行业标准制定的重要基础。

13　我国县域经济产业生态网络的可持续发展研究

县域经济属于区域经济范畴，是基于县级行政区划，以县城为中心、乡镇为纽带、农村为腹地，以市场基础作用配置资源的区域经济（龚涛、沈梅、李雄平，2005），是国民经济的基础性部分（卢珂，2008）。县域经济多半属于基础设施不完善、工业不发达，以农村经济为主而且受行政区划限制的小型区域经济，但它属于我国8亿农民居住并赖以生存的地域，关系到广大农民共同致富的战略国策，对于我国新农村建设，国民经济协调、和谐发展有重大战略意义。基本生产要素不足，农村公共物品不足，农村剩余劳动力数量大、素质低、转岗就业困难，资源及农产品以初级为主、精深加工不足，产业结构不合理，第三产业发展明显滞后等，特别是县域经济发展过程中带来的自然资源和生态环境的严重退化，构成了我国现阶段县域经济发展面临的主要问题（卢珂，2008）。我国部分县域经济还属于省与省之间形成的边缘区域经济，有其自身发展规律（罗贞礼，2007）。

区域循环经济的关键在于区域产业之间良好共生关系的培育和构建，实现物质与能量的“减量化、再使用、再循环”（冯之浚，2004；Chertow，2000；McManus & Gibbs，2008）。而创意经济的关键在于通过产品创新，提高产品附加值、延长产业链并提高其自身的核心竞争力（曹超英，2007）。循环经济和创意经济可以在一定程度上解决县域经济中存在的问题。对县域经济、循环经济、创意经济及其关系进行系统的探讨，研究循环经济如何帮助县域经济解决资源环境日益恶化的困境，创意经济如何帮助破解县域经济产品附加值不高、产业结构不合理的问题。改善就业，延长并完善产业链各有关环节，形成产业之间的良好共生关系，实现经济与环境的协调发展，有其理论和现实意义。

我国沿海发达省份的产业转移对县域经济可持续发展问题提出了严峻的挑战。为了避免重走工业化初期“先发展、后治理”的老路，保护好山区板块的生态环境，应该以循环经济和创意经济理论为指导，构建我国经济的现代产业体系。对工业产业转移、城镇化和农业经济产业化，应该坚持在循环经济框架下，以良好产业共生关系的设计和构建培育机制作为突破口，实现经济发达地区中心城市、县域经济和环境的协调发展。以创意经济理念打造现代生态农业、现代旅游业和第三产业，特别是提高特色农业产业和旅游产业的产品附加值，延长产业链，实现更广范围内的产业共生。本书以广东省德庆县为例，对“双转移”① 形势下我国县域经济可持续发展的产业共生耦合问题做初步探究。

13.1 我国县域经济可持续发展的现状

现有文献表明，对我国县域经济的研究，主要是从工业化和产业集群的角度考虑产业结构、特色经济、模式创新、政府职能、县域规划、优化基础设施和投资环境等传统的发展战略层面的问题（龚涛、沈梅、李雄平，2005；卢珂，2008；纪明，2008；魏秀芬、于战平，2005；黄祥明，2008；战召磊、韩莉，2005；吴英敏、王晓林，2008；梁涛，2008），没有脱离传统的工业化思维。关于县域循环经济的发展，不同学者提出过不同的理念和对策：调整工业园区、建立清洁生产模式，推进生态工业园的建设，建立并完善循环经济发展的保障机制和绿色技术支撑体系（陈寅平、许潇，2007）；采取农业产业化主导的循环经济模式，或生态旅游带动型模式（江丽、陶雄生、刘宗连，2008）；把循环经济纳入县域经济发展规划，调整工业布局和产业结构（安建峰、田晨英、张爱忠，2008）；绿色招商（杨延哲等，2007）；资源减量投入及提高资源循环利用效率（罗斌、伍超、邱祝利，2007）；建立企业内部、企业之间、农村和县域整体的资源循环体系（湛果、张明举，2007）。全国各地基本意识到了经济、社会、环境未能协调发展的问题，并根据各地的自然资源禀赋、市场、区位条件、发展水平、政府战略定位和发展阶段、现有政策、人文环境等多种复杂因素，探讨发展当地县域循环经济的范式。可惜至今没有落实到执行层面。

根据笔者的调研和观察，我国现阶段大部分县域经济（如中西部地区）仍处于发展初期，主导产业以大农业、自然资源采掘和手工业为主；相当一

① “双转移”指广东省提出的“产业转移”和“劳动力转移”两大战略，即珠三角劳动密集型产业向东西两翼、粤北山区转移；而东西两翼、粤北山区的劳动力，一方面向当地第二、三产业转移；另一方面，其中的一些较高素质劳动力，向发达的珠三角转移。

部分已进入深度发展阶段，主导产业是矿业与农林牧副渔产品深加工、纺织业和机械制造业等，如中部地区的强县和华南地区的相对落后县；部分县域则可能已进入综合发展阶段，以先进制造业、组装业为主，甚至形成较系统的产业规模，或以产业集群形式体现，如发展较快的东部沿海省份的一些县域。而且，近几年来得益于我国对旅游业和特色产业发展的重视，以及社会主义新农村建设的促进作用，许多县域（有些是较偏远和落后的地区）利用自身良好的生态、农业、林业、果业、人文等资源优势，大力发展旅游业，获得较好的效果。

但是，我国县域经济的发展大都以行政区划为界，各自为政，没有通过区域经济合作政策促进生产要素跨区域的合理流动，也没有从更大区域经济发展的层面，对县域循环经济进行全面规划，没有与其他产业规划、城市规划、商业规划等相衔接，缺少系统性、全局性，也没有落实到执行层面，在招商引资、产业布局和产业设计等工作中没有得到体现，没有形成良性的培育机制，各行业主管部门之间缺少协调。尽管有人提出过县域经济发展的创新模式，但我国目前对创意经济的应用仍然停留在文化创意、文化产业和电子商务领域，在县域经济中较少体现。

随着工业化的纵深发展和世界经济的全球化，土地和自然资源短缺，生态环境问题日益严重，迄今为止，我国大部分地区都没有充分考虑到工业化和城镇化对资源生态环境可能带来的负面影响，前瞻性、计划性和预测性不足，片面追求 GDP 增长，付出了严重的生态环境代价。应以此为鉴，根据我国的实际情况，深入系统地探索和研究我国县域循环经济框架下的产业共生耦合，创意经济对产业结构优化、延长、升级和提高产品附加值等的作用，以及产业间良好共生耦合关系的培育机制，探讨如何实现循环经济、创意经济和县域经济的有机结合，提出在新一轮产业转移、产业结构调整优化升级的形势下县域经济发展对策，将循环经济、创意经济的内涵融入县域规划、招商引资和产业设计与布局之中，实现县域经济科学、和谐、可持续发展。

13.2 未来现代产业体系特点及其对县域经济的影响

我国沿海发达地区经济下一阶段的科学发展，迫切需要系统地进行产业转型、产业结构优化升级，必然要求构建高科技含量、高附加值、低能耗、低污染、自主创新能力强的产业核心，以技术、人才、资本、信息等高效运转的产业辅助系统为支撑，以环境优美、基础设施完备、社会保障有力、市场秩序良好的产业发展环境为依托，构建具有创新性、开放性、融合性、集聚性和可持续性特征的新型产业体系（广东省委省政府，2008）。

基于我国经济产业结构的优化升级和区域经济的均衡发展的要求，东南沿海部分传统产业向贫困山区和中西部地区转移已成必然趋势，县域经济的发展将面临新的机遇和挑战。未来几年我国县域经济的发展应该遵循我国产业体系定位和构建的要求，构建可持续发展、科学发展、和谐发展的县域经济结构。随着与沿海发达地区接壤的大部分省市区域中心城市交通基础设施的不断完善，大部分地区将逐渐融入发达地区的“1～5 小时经济圈”，相关的县域经济除了培育自身内生性产业体系、特色经济、生态农业、旅游经济外，同时应该积极参与发达地区现代产业体系的分工协作，通过沿海发达地区的产业内核、产业转移园、循环经济体系、贸易加工转型示范区、创意产业园等几大载体，形成与这些地区协调发展的态势。

然而，我国欠发达山区多属于生态脆弱地区、敏感地区或水源保护区。我国中西部地区经济发展相对落后，生态环境尽管相对得到保护，但已经受到工业化引起的一定程度的破坏。它们都属于重要的水源保护区、自然保护区、农业生产基地和绿色生态屏障，实质上已经不起类似沿海地区的损害和破坏。经济社会发展受生态环境的制约特别明显，环境容量非常有限，自然因素在区域发展不平衡中占重要的甚至是主导的地位（胡振宇，2008）。

我国县域经济的发展现状表明，许多县域政府对人口资源环境与经济社会协调发展的重要性认识不足，为了实现经济的高速增长，往往陷入“先发展、后治理”的误区。就算规划了生态工业园，但为了引入足够的企业而降低入园条件，达不到生态工业园建设的要求，仍然呈现高消耗、低产出、高排放的特征。以加工贸易业为主导的劳动密集型产业在向江河上游和绿色生态屏障地区转移，如果不按照循环经济发展模式的要求对县域经济和产业进行科学规划，必然会带来负面影响，土地和自然资源的过度开发、低质量的招商引资等，将给生态环境带来恶果。

13.3 县域经济发展中产业共生耦合关系的构造原理

我国的市场和产业环境 30 年来已经有了较大的变化，特别是沿海发达地区，处于产业转型升级的关键时刻，一方面，如何激励本地企业通过技术创新、产业转移、培养自有品牌等提高产业技术含量、提高产品附加值、提升产业在国际上的竞争力，是沿海发达地区面临的主要课题；另一方面，我国工业化过程特别是沿海地区的经济发展对自然资源和环境造成较大损耗，应该通过调整产业结构来达到缓解资源环境压力的目的。尽管产业转移为我国县域经济发展带来了难得的机遇，但如何使第一、二、三产业协调发展，减少自然资源消耗，降低排放，保持县域较好的生态环境，对我国经济可持续发展同样显得极为重要。

我国各地现阶段县域经济发展，都是以农业产业化、县域工业化和县城为中心辐射乡镇的城镇化为主要诉求。这些发展过程，包括属于现代服务业的旅游业本身，其实都存在资源消耗过快、环境破坏严重等问题。要实现县域经济可持续发展，就有必要采用循环经济发展模式。同时，我国工业化程度较高的县域经济都具有和自身资源禀赋与生产要素特征相适应的相对成型的主导或非主导产业，如农副产品种植和深加工、矿产资源开发与加工、建材、手工业、机械制造和旅游等。因此，我国部分县域经济已基本具备了发展循环经济的条件。

在产业布局上，应当充分发挥县域政府的引导作用，做好产业布局的规划，以县城中心为发展极，建立生态产业园，发挥县城的辐射和带动作用，也可以向乡镇延伸，形成产业带或产业集聚，或专门从事某一行业生产和服务的专业镇。我国相对发达的县域内有较成型的产业或行业体系，县城与各乡镇之间及各乡镇之间的距离普遍是10公里左右，交通不算繁忙，可以减少县域副产品（或废弃物）交换的运输成本。以县域行政区划为单位，在投资和发展中注意培育产业之间的共生耦合关系，系统考虑区域循环经济产业体系的构建，是可行并合理的。而县域之外的产业共生耦合，则可以采用虚拟生态产业网络技术（Chertow，2000；McManus & Gibbs，2008）进行解决。

在产业结构上，利用产业生态、循环经济和可持续发展理论，科学规划县域产业构成，根据县域资源禀赋条件，选择主导产业。通过产业共生、产业耦合的原理建设生态工业园，坚持用清洁生产理念管理企业，推广资源节约的生产和消费理念，发展环保产业、资源综合利用和资源再生产业，从而构建生态型的现代产业体系。

因此，基于区域产业生态网络的路径构建我国现阶段县域产业共生耦合关系的总体构想是，发挥县域政府的主导作用，系统考虑县域现有产业或行业、未来可能承接转移的产业或行业，以及未来可能参与到发达中心城市产业体系的分工协作，统筹规划好县域产业的构成与布局。在县域范围内或跨县域构建区域产业生态网络，生态整合现有产业，以农业、种植养殖业及其

环境及产业特征进行详细调研的基础上，根据循环经济的技术原理进行设计，特别要注意循环产业链之间的结点和系统集成，注意协调企业清洁生产、产业共生耦合、经济社会大循环之间的关系（见图13－1）。农业的“种—养（牧）—加工一体化”，需拓展农业与其他产业和部门的联系，延长产业链，带动农业加工业和旅游观光业的发展，实现生产、生活和生态的协调。还应在上述几个循环经济产业链内重点培育德庆县的本土龙头企业或主导企业，带动产业集聚发展。

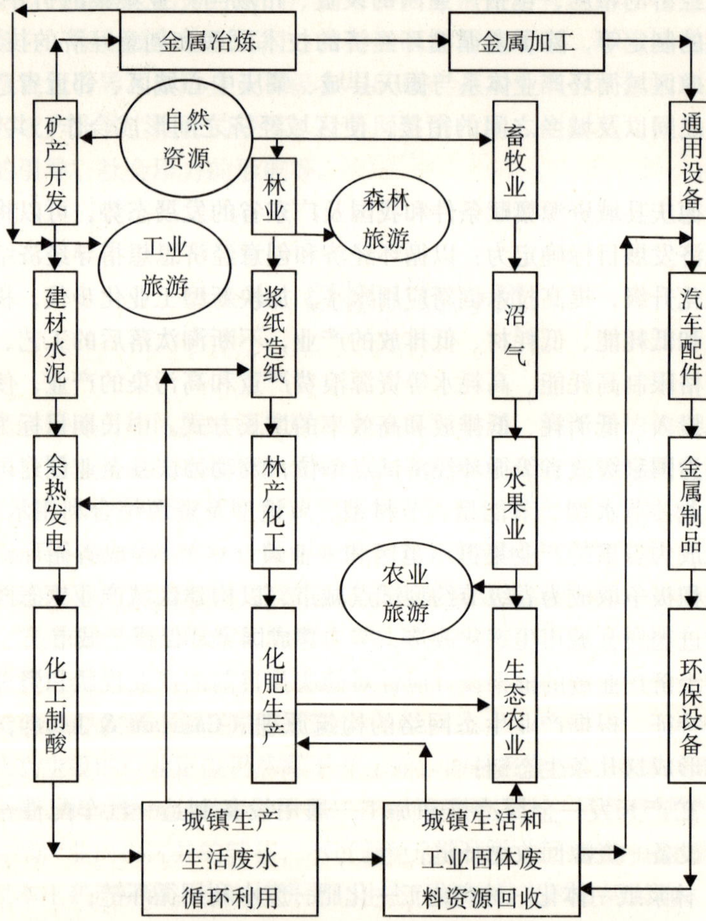

图13－1　广东省德庆县循环经济主体产业共生耦合体系简图①

① 产业生态网络中产业与城镇废弃物产生或处理厂之间的共生耦合也看成是产业之间的共生耦合（Casavant & Jeffrey，2004）。

13.5 构建步骤——以德庆县为例

（1）通过编制县域循环经济规划，有效设计整个县域的产业体系和循环经济产业网（链），在县域或跨县域范围内，在区域产业生态网络框架下，设计好各行业之间的共生耦合关系，形成低消耗、低排放的闭合体系。而不是等到环境已经被破坏、问题已经凸现以后才想到循环经济，应以前瞻性的思维，避免走“先发展、后治理”的老路。

（2）结合广东省“双转移”的形势，贯彻循环经济的理念，对“双转移”工业园进行完善与升级，利用循环经济的技术方法（如物质代谢分析、生命周期评价、柔性分析、系统集成、清洁生产等），积极主动地对县域现有产业进行补链，将各个产业链不完善的环节策划成有利可图的项目，捆绑包装对外进行绿色招商，通过投资编制生态工业链将转移工业园办成生态工业园区，使产业内企业集聚发展、集约发展，形成产业之间共生耦合的关系，在大力发展工业经济的同时，有效保护德庆县的生态环境和自然资源，留住青山绿水和良好的人居环境，并形成有利于旅游产业发展的环境。

（3）高效特色农业的发展，对德庆县域经济的成长，以及对提高当地农民收入、打造区域特色品牌、完善旅游产业链等均有重要的战略意义。要围绕“高效”和“特色”做文章，“特色”需要结合当地的自然资源环境和水土、气候特色，以贡柑、中药材、松脂、蚕茧、木薯、森林、山地鸡、土特产品等资源为依托，利用“创意经济”的概念和技术方法，对特色农业的系列产品进行设计。例如，围绕贡柑的赏花、科教、品果、体验等活动，打造果园旅游景点；培养生态观光农业园，以瓜果观赏为主，打造农业观光景点；围绕蚕茧养殖、加工、观赏，打造独特景点。培育农村新经济组织，创新农业生产方式，构建高科技农业、生态农业和特色农业园区，生产优质、环保、效益型产品，提升其技术含量和产品附加值，形成“高效”农业。

（4）德庆县的旅游产业已经具有较好的基础，成为肇庆“千里旅游走廊”的重要一环。存在的问题是旅游“六要素”不够完善，特别是吃、购、娱等环节有待深入开发。通过烹饪大赛挖掘出德庆特色名菜、名点、名食，让游客一饱口福；纵深加工开发德庆土特产品、旅游纪念品，使用创意包装，成为游客喜爱购买的产品；在养生保健、体育体验、文化休闲等方面，形成德庆的娱乐特色，让游客尽兴而归。上述“高效特色”农业的发展正好可以弥补旅游产业在游、购、娱等方面的不足，同时，旅游产业链的构建和完善需要利用创意经济的技术方法进行系统开发。旅游“六要素”的完善，亦需要与社会主义新农村建设、城镇化规划相结合。

（5）以德庆主要的特色农业基地所在乡镇和旅游主体线路为内核，编制德庆县域虚拟创意经济产业园发展规划，指导构建德庆虚拟创意经济产业园；引进和自行组建创意经济的创意主体和骨干企业，在这个基础上构建市场化的技术创新体系；县政府适当投入引导性资金，并积极向省政府申请每年总额10亿元的现代产业发展导向资金，节能减排、“双转移”以及现有支持自主创新和产业发展的各项专项资金；制定创意经济产业园的规划和有关政策，加强引导、协调，构建人才引进机制；围绕循环经济生态产业园和创意经济产业园策划项目，包装后对外进行创意招商；适度发展生产型现代服务业，加快发展以旅游产业为龙头的第三产业；按照生态学原理制定完善生态工业园区入驻项目的环保准入制度、清洁生产制度、废弃物循环利用制度等。

（6）通过发展德庆县的循环经济与创意经济，形成经济、社会、环境协调发展、和谐发展、科学发展的态势，将德庆县建设成为山清水秀、适宜人居的“广东第一山城”。并以此为基础，不断加强提炼和宣传，逐步形成德庆的区域品牌，加快生产要素向德庆县的集聚，进一步推动德庆县域经济的快速和深入发展。

14 区域产业生态网络构建的方法学

为了更好地指导区域产业生态网络的设计、规划、建设和运营管理，在研究了其形成的机理、前提条件、影响因素、规模优化、绩效评价等问题以及其在某些产业的应用后，有必要研究其构建的方法学。本章就区域产业生态网络构建的基本步骤、基本原则、具体方法和“孵化”策略等进行了总结。

14.1 网络构建的基本步骤

步骤一：区域产业生态化评估。就区域产业体系的生态化程度与现状进行深入的分析，需要考虑到区域产业体系的经济、社会和环境的可持续发展能力，与国内外类似条件下的产业生态化体系进行比较，或者设计产业生态化的评价指标体系和方法，对其产业生态化程度有一个基本判断。

步骤二：区域产业生态网络构建的需求分析。采用其他的产业生态化的方法，如清洁生产、产业或工业园、产业集聚、局部的物质流循环设计、技术生态化改造、环境影响评价或末端控制的环保措施等，如果难以解决现有的产业体系的高消耗、高排放的问题，那么通过构建区域产业生态网络是否能够解决。如果答案是肯定的，就存在网络构建的需求。同时要根据区域发展的长远规划提出网络构建要达到的目标，即区域经济、环境、社会和生态发展相关的各种指标，如资源循环利用率、污染物排放指标、生态环境质量提高的程度等。

步骤三：区域产业生态网络构建的可行性分析。需要从技术、经济、社会、环境等角度综合分析网络构建的可行性，要有可行的技术工艺对产业副产品或废弃物进行分解处理或再资源化，并将二次污染降低到最小。同时，根据区域现有的数据资料条件进行定性、半定量或定量分析，其中定量分析需要将社会、环境的绩效和得失货币化，综合核算为货币价值，并与经济价值得失汇总，得出综合的可行性分析结论。

术需求分析指南（UNDP，2010）。

阶段三：构建经济分析模型。需要针对具体的区域产业生态网络，将环境、社会损益量化为经济价值，综合分析网络构建带来的成本和效益（李广明、黄有光，2010），可以采用合适的研究方法，建立成本效益模型或其他经济分析模型。

阶段四：求出最佳网络规模或最优区域半径的方法。估计网络系统的各种参数值，对上述经济分析模型进行数学处理和边际分析，找出最优规模或最优区域半径（李广明、黄有光，2010）。

阶段五：判断本区域内要构建的网络数量的方法。由于区域产业生态网络存在一个最优规模，如果区域地理范畴大于最优区域半径，有可能需要设计若干个网络，具体分析方法参见本书第八章。

阶段六：网络建设的规划和设计。参考产业生态学的方法（金涌、李有润、冯久田，2003），根据区域产业体系现状、技术需求分析、污染因子分析、物质流流量分析、地理交通环境、信息网络平台和基础设施水平、网络需要达到的目标和技术经济指标等，选择合适的技术工艺，设计产业共生耦合关系。

阶段七：筹集资金投资建设。根据财务会计学原理，将排放废弃物或副产品物质的代谢环节设计成可盈利的投资项目，在市场招商引资。对于现有条件下难以盈利的项目，需要由政府组织实施和建设。

阶段八：网络的日常运营与管理。需要根据现代管理方法，按网络运行与管理的要求，规划设计和建设好信息服务、交易平台、交通运输或基础设施条件。

阶段九：网络的调试与补充完善。

14.4 产业生态网络的“孵化”策略

（1）培育“种子”企业。构建区域产业生态网络，从组织形态和企业行为的角度来说，应该根据供应链管理原理和循环经济的理论，寻找产业生态网络区内种子企业或龙头企业，通过技术创新，牵头组织或“孵化”构建产业生态网络。只有大型的企业才具有足够的资源进行技术创新，这些企业主导了产业生态网络内外的信息、物流交易平台，具有一定的产品和原材料市场垄断力，具有行业内的话语权，对业内其他企业有一定的影响力。在日本、韩国的超大型企业网络集团——综合商社内部，龙头企业和配套企业之间往往还存在交叉持股，但龙头企业的影响力更大。产业生态网络内外的废弃物和副产品的循环利用或再利用，可以减少排放的环境成本，又可以提高资源的利用率，这些往往体现在龙头企业的最终利润水平上。因此，这一类企业最具有积极性。通过产业生态网络的构架，完善产业链，实现废弃物低排放或零排放。因此，这一类龙头或种子企业才更具有构建产业生态网络的自组织能力与资源，它们可以参考跨国企业的组织结构特征和全球化产业链分工布局原理，设计好产业生态网络和生态产业链，通过商业化的“补链”行为完善现有产业链，形成对产业生态网络区内废弃物的“分解”功能，实现低排放或零排放。

（2）统筹区域废物流。产业生态网络区的建设，可以以某一个经济区，例如珠三角、长三角，甚至一个经济发达的专业镇作为构建的基本地理范围，但又不严格受该范围所限，任何一个企业如果愿意，且经济上可行，都可以参与进来。首先，如上所述，产业生态网络区的建设需要一个促进者，可以是某龙头企业，也可以是地方政府，但都必须得到资源循环使用、废弃物减排、废弃物再利用等方面的优惠政策的支撑，或者通过技术创新，使得这些本来不受重视的分解污染物的产业链补充环节有利可图。其次，对这个经济区内的排放废弃物（液、固、气）有一个基本的了解，最好能够由当地环保部门出面，构建排放废弃物的信息交易或发布平台，让可能参与产业生态网络建设的市场主体（投资商、现有企业、社区、政府、中介组织等）时刻了解废弃物排放信息。再次，由促进者根据该经济区的产业结构、相关行业的工艺特征和废弃物循环利用、回收利用的技术要求，论证废弃物再利用的可能性，将技术上、经济上可行的产业链环节设计包装成工业项目（资源循环利用或综合利用项目），在市场上发布或对外进行招商。利用市场配置资源的基础性作用，促进潜在的投资者对该经济区产业进行补链或补网，从而逐步完善生态产业链的各个环节，形成产业生态网络。

（3）引导观念创新。对于发展中国家或经济落后地区，由于受传统思维定式的束缚，一开始该经济区的企业对产业共生关系的构造、废弃物资源再利用和循环利用的潜在经济效益与技术可行性可能缺少正确的认识，地方政府和研究机构，或者是行业组织作为产业生态网络的促进者，最好做好前期准备工作，特别是废弃物信息交易和发布平台的建设，以及优惠政策（包括税收、补贴）的发布。补链（补网）项目的包装、论证、招商、推进可以考虑市场化运作，由某一个龙头企业、投资商或投资管理机构负责，其收益通过税收、补贴或环境资源效益的形式来体现。

14.5 对策建议与启示

（1）鼓励出台对循环产业投资的优惠政策。通过税收或融资环节的优惠待遇和支持，鼓励和引导大型企业加大对循环经济技术创新的投入。通过行政命令手段加强对高危污染物排放的控制，加大对环境污染物排放的罚款，完善对环境损害的赔偿或补偿机制，优化对污染物排放量的许可证安排，建立污染许可证交易市场和制度，将环境成本或收益内化，鼓励龙头企业完善生态产业链的各个环节，高效“分解”由生产者排放的废弃物。

（2）发挥政府主管部门和行业组织的组织和引导作用。通过行业内企业本身固有的联系和历史渊源，加强沟通，共同学习，就可持续发展战略和循环经济模式的科学意义及其与企业自身发展的关系，达成广泛的共识，形成具有共识的战略目标和战略联盟，并组建松散型的促进机构，推动产业生态网络的构建。

（3）做好区域循环经济发展规划和产业生态网络的规划，特别是做好产业共生耦合规划，并注意与其他规划衔接，而区域总体发展规划应该具有循环经济的内涵。同时注意与现有环保政策衔接，循环经济的内涵与传统的环保经济不同，后者主要依靠事后的治理、消减和补偿，是前者的一部分，循环经济则更多考虑事前的防止，在源头上减少甚至杜绝废弃物向环境的排放。例如，环境影响评估制度中应该加强产业共生耦合的评价。产业生态网络的构建，应该以更加严格的环保政策和制度作为基础，引导和迫使企业走循环经济的道路，通过产业链的完善与补充，从而实现低排放、低消耗和高产出的目标。而不是“头痛医头，脚痛医脚”，过度依赖环境治理与损害补偿。

（4）打破行政归属的藩篱。通过更高层次的政府的协调能力，统筹不同行政归属的地区的产业链上各环节的企业资源及其排放的废弃物“资源”，同时将城市生活垃圾（废弃固体、废水）一并考虑，构建区域产业生态网络或区域副产品交换体系，才能改善环境效益，实现产业生态网络的稳定性，满足系统柔性的要求。

（5）改善基础设施。在构建产业生态网络的区域内，应该大力投资改善交通、通信、信息、物流基础设施建设，确保废弃物的运输成本不至于过高，并保证废弃物供给的稳定性。

参考文献

1. Agarwal, A. & Strachan, P. Evaluation methodologies to measure performance of eco-industrial development initiatives. A Report Prepared for Databuild Ltd and the U. K. National Industrial Symbiosis Programme, The Robert Gordon University, 2006.

2. Altham, J. & Van Berkel, R. Industrial symbiosis for regional sustainability: An update on Australian initiatives. 11th International Sustainable Development Research Conference. Manchester, 2004.

3. Andersson P. & Sweet S. Towards a framework for ecological strategic change in business networks. *Journal of Cleaner Production*, 2002 (10): 465 –478.

4. Aunan, K. & Li, S. Health damage assessment for Guangzhou using exposure-response functions. NILU, Kjeller, Norway, Technical Report B7. Air Quality Management and Planning System for Guangzhou, 1999.

5. Ayres, R. U. Industrial metabolism: Theory and policy. In Ayres, R. U. & Simonis, U. E. (Eds.) *Industrial metabolism: Restructuring for sustainable development.* Tokyo: United Nations University Press, 1994.

6. Blanchard Olivier. *Macroeconomics.* 3rd Edition. Pearson Education Asia Ltd, 2004.

7. Boons, F. & Spekkink, W., Mouzakitis, Y. The dynamics of industrial symbiosis: A proposal for a conceptual framework based upon a comprehensive literature review. *Journal of Cleaner Production*, 2011 (19): 905 –911.

8. Bowersox, D. J., Closs, D. J. & Cooper, M. B. *Supply chain logistics management.* The McGraw – Hill Companies, Inc. 2002.

9. Burstrom F. & Korhonen J. Municipalities and industrial ecology: Reconsidering municipal environmental management. *Journal of Sustainable Development*, 2001, 9 (1): 36 –46.

10. Casavant T. & Jeffrey M. Industrial ecology and eco-industrial networking backgrounder. The guide to eco-industrial networking for Greater Vancouver

municipalities, Canada, 2004.

11. Chertow M. & Ehrenfeld J. Organizing self-organizing systems: Toward a theory of industrial symbiosis. *Journal of Industrial Ecology*, 2006, 16 (1): 13 – 28.

12. Chertow, M. R. *Evaluating the success of eco-industrial development*. Sheffield: Greenleaf Publishing Limited, 2004.

13. Chertow, M. R. The eco-industrial park model reconsidered. *Journal of Industrial Ecology*, 1999 (2): 8 – 10.

14. Chertow, M. R. Industrial symbiosis: Literature and taxonomy. *Annu. Rev. Energy Environ*, 2000 (25): 313 – 337.

15. Chertow, M. R. "Uncovering" industrial symbiosis. *Journal of Industrial Ecology*, 2007, 21 (1): 11 – 30.

16. Christesen, I., Scott, J. A., Krrishnamohan, K., Gabric, A. & Herat, S. What is needed to encourage adoption of industrial ecology? 2nd Asia Pacific Cleaner Production Roundtable. Brisbane, Australia, 2000.

17. Cimren E., Fiksel J., Posner Marc E. & Sikdar K. Material Flow Optimization in By-product Synergy Networks. *Journal of Industrial Ecology*, 2011, 15 (2): 315 – 333.

18. Cohen – Rosenthal, E. Making sense out of industrial ecology: A framework for analysis and action. *Journal of Cleaner Production*, 2004 (12): 1111 – 1123.

19. Cohen – Rosenthal, E. (Ed.) *Eco-industrial strategies: Unleashing synergy between economic development and the environment*. Sheffield: Greenleaf Publishing Limited, 2003.

20. Constantini Valeria & Monni Salvatore. Environment, human development and economic growth. *Ecological Economics*, 2008 (64): 867 – 880.

21. Cote R. P. & Smolenaars T. Supporting pillars for industrial ecosystems. *Journal of Cleaner Production*, 1997, 5 (1 – 2): 67 – 74.

22. Cote, R. P. A primer on industrial ecosystems: A strategy for sustainable industrial development. Halifax, Industrial Ecology Research and Development Group, Dalhousie University, 2000.

23. Cropper, Maureen L. Measuring the benefits from reduced morbidity. *American Economic Review*, 1981, 71 (2): 235 – 240.

24. Deppe M. & Cohen-Rosenthal E. *Handbook of Codes, Covenants:*

Conditions and restrictions for eco-industrial development, work and environment initiative, 1999.

25. Desrochers, P. Industrial ecology and the rediscovery of inter-firm recycling linkages: Historical evidence and policy implications. *Industrial and Corporate Change*, 2002 (11): 1031 - 1057.

26. Desrochers, P. Cities and industrial symbiosis: Some historical perspectives and policy implications. *Journal of Industrial Ecology*, 2002, 5 (4): 29 - 45.

27. Desrochers, P. Regional development and inter-industry recycling linkages: Some historical perspectives. *Entrepreneurship & Regional Development*, 2002 (14): 49 - 65.

28. Desrochers, P. Industrial symbiosis: The case for market coordination. *Journal of Cleaner Production*, 2004 (12), 1099 - 1110.

29. Domenech T. & Davies M. The social aspects of industrial symbiosis: The application of social network analysis to industrial symbiosis networks. *Progress in Industrial Ecology*, 2009, 6 (1): 68 - 99.

30. Dubourg W. R. Estimating the mortality costs of lead emissions in England and Wales. *Energy Policy*, 1996, 24 (7): 621 - 625.

31. Ehrenfeld, J. R. & Gertler, N. Industrial ecology in practice: The evolution of interdependence at Kalundborg. *Journal of Industrial Ecology*, 1997 (1): 67 - 79.

32. Euston Quah & Tay Liam Boon. The economic cost of particulate air pollution on health in Singapore. *Journal of Asian Economics*, 2003, 14 (1): 73 - 90.

33. Frosch, R. A. The industrial ecology of the 21st century. *Scientific American*, 1995 (273): 178 - 181.

34. Frosch, R. A. & S. E. Gallopoulos. Strategies for manufacturing. *Science American*, 1989, 261 (3) .

35. Gibbs, D. & Deutz, P. Reflections on implementing industrial ecology through eco-industrial park development. *Journal of Cleaner Production*, 2007 (15): 1683 - 1695.

36. Gibbs, D., Deutz, P. & Proctor, A. Industrial ecology and eco-industrial development: A potential paradigm for local and regional development. *Regional Studies*, 2005, 39 (2): 171 - 183.

37. Grossman, Michael. On the concept of health capital and the demand for health. *Journal of Political Economy*, 1972, 80 (2): 223 - 255.

38. Harper, E. M. & Graedel, T. E. Industrial ecology: A teenager's progress. *Technology in Society*, 2004 (26), 433 - 445.

39. Heeresa, R. R., Vermeulena, W. J. V. & de Walleb, F. B. Eco-industrial park initiatives in the USA and the Netherlands: first lessons. *Journal of Cleaner Production*, 2004, 12 (8 - 10): 985 - 995.

40. Hewes, A. K. & Lyons D. I. The humanistic side of eco-industrial parks: Champions and the role of trust. *Regional Studies*, 2008, 42 (10): 1329 - 1342.

41. Hodgetts, R. M. & Luthans, F. *International management culture, strategy, and behavior*. 4th Edition. The McGraw - Hill Companies, Inc., 2001.

42. Jacobsen N. B. Do social factors really matter when companies engage in industrial symbiosis? *Progress in Industrial Ecology*, 2007, 4 (6): 440 - 462.

43. Jung Seok, Dodbiba Gjergj, Chae Song Hwa & Fujita Toyohisa. A novel approach for evaluating the performance of eco-industrial park pilot projects. *Journal of Cleaner Production*, 2013 (39): 50 - 59.

44. Korhonen, J. & Strachan, P. A. Towards progress in industrial ecology. *Progress in Industrial Ecology*, 2004 (1): 1 - 23.

45. Korhonen, J. Two paths to industrial ecology: Applying the product-based and geographical approaches. *Journal of Environmental Planning and Management*, 2002 (45): 39 - 57.

46. Korhonen, J. Industrial ecology in the strategic sustainable development model: Strategic applications of industrial ecology. *Journal of Cleaner Production*, 2004 (12): 809 - 823.

47. Kurup, B. R. Methodology for capturing environmental, social and economic implications of industrial symbiosis in heavy industrial areas. PhD Dissertation, Curtin University of Technology, Australia, 2007.

48. Kurup, B., Altman, W. & Van Berkel, R. Triple bottom line accounting applied for industrial symbiosis. Australian Life Cycle Assessment Society Conference. Sydney, Australia, 2005.

49. Lambert, A. J. D. & Boons, F. A. Eco-industrial parks: Stimulating sustainable development in mixed industrial parks. *Technovation*, 2002 (22): 471 - 484.

50. Laybourn, P. Business delivery of political strategy on resource

productivity. Business Council for Sustainable Development-North Sea Region, 2002.

51. Lombardi D. R. & Laybourn P. Redefining industrial symbiosis: Crossing academic-practitioner boundaries. *Journal of Industrial Ecology*, 2012, 16 (1): 28 – 38.

52. Lowe, E. A. Strategic assessment of Chem City eco-industrial park. *Indigo Development Working* Paper# 4, 1997.

53. Lowe, E. A. Creating by-product resource exchanges: Strategies for eco-industrial parks. *Journal of Cleaner Production*, 1997 (5): 57 – 65.

54. Lucas R. E. On the mechanics of economic development. *Journal of Monetary Economics*, 1998 (22): 3 – 42.

55. McManus, P. & Gibbs, D. Industrial ecosystems? The use of tropes in the literature of industrial ecology and eco-industrial parks. *Progress in Human Geography*, 2008, 32 (4): 525 – 540.

56. Mirata, M. Experiences from early stages of a national industrial symbiosis program in the UK: Determinants and coordination challenges . *Journal of Cleaner Production*, 2004 (12): 967 – 983.

57. Musnikov, J. & Schlarb, M. Eco-industrial development community participation manual. In Cohen-Rosenthal, E. (Ed.) Los Angeles. *National centre for eco-industrial development*. Cornell University, 2002.

58. Parris, M. T. & Kates, W. R. Characterising and meazuring sustainable development. *Annual Review of Environment and Resources*, 2003(28): 559 – 586.

59. Pautrel X. Reconsidering the impact of the environment on long-run Growth When Pollution Influences Health and Agents have a Finite-lifetime. *Environmental Resource Economics*, 2008 (40): 37 – 52.

60. Raghbendra Jha & K. V. Bhanu Muthy. An inverse global environmental kuznets curve. *Journal of Comparative Economics*, 2003 (31): 352 – 368.

61. Research Triangle Institute. Eco-industrial parks: A case study and analysis of economic, environmental, technical and regulatory issues, available. http: //www. rti. org/pubs/case_study_summary. pdf, 2011.

62. Richards, D. & Galdwin, T. Sustainability metrics for business enterprise. *Environmental Quality Management*, 1999. 11 – 21.

63. Roberts B. H. The Application of industrial ecology principles and planning guidelines for the development of eco-industrial parks: An Australian case study. *Journal of leaner Production*, 2004 (12): 997 – 1010.

社，2008.

97. 冯卫红，苗长虹．国内外关于旅游产业集群的研究综述．人文地理，2009（1）：126～132.

98. 冯云廷．城市经济学．大连：东北财经大学出版社，2005.

99. 冯之浚．循环经济导论．北京：人民出版社，2004.

100. 傅京燕．论环境管制与产业国际竞争力的协调．财贸研究，2004（12）：31～36.

101. 傅献彩，陈瑞华．物理化学．北京：人民教育出版社，1980.

102. 高丽峰，赵丹丹，宋永辉．副产品交换的特征及影响因素分析．生态经济，2005（10）：64～66.

103. 龚涛，沈梅，李雄平．发展县域经济的模式与方向探讨——以姚安县为例．农村经济，2005（10）：49～53.

104. 广东省委省政府．关于加快建设现代产业体系的决定，2008－07－27.

105. 郭红燕，樊峰鸣，吴季松．中国经济增长与环境污染关系实证研究．科技导报，2007（16）：42～48.

106. 郭莉，Lawrence Malesu，胡筱敏．产业共生的“技术创新悖论”——兼论我国生态工业园的效率改进．科学学与科学技术管理，2008（10）：58～63.

107. 郭莉．产业生态网络模式的比较分析：一个实证研究．科研管理，2009，7（4）：37～44.

108. 郭莉，苏敬勤，徐大伟．基于哈肯模型的产业生态系统演化机制研究．中国软科学，2005（11）：156～161.

109. 郭莉，苏敬勤．产业生态化发展的路径选择——生态工业园和区域副产品交换．科学学与科学技术管理，2004（8）：73～77.

110. 郭庆方．循环经济—经济可循环度及其实现条件．工业技术经济，2008，27（2）：108～113.

111. 郭志仪，曹建云．人力资本对中国区域经济增长的影响．中国人口科学，2007（4）：42～49.

112. 国家环境保护局．环境空气质量标准（GB3095—1996），1996.

113. 国家环境保护总局环境与经济政策研究中心，挪威 ECON，意大利 FEEM. 建立中国绿色国民经济核算体系：国际环境经济核算经验报告，2006. 15～16.

114. 过孝民，张慧勤．公元 2000 年中国环境预测与对策研究．北京：清华大学出版社，1990.

115. 韩光，赵毅红．中国环境污染损失的经济计量与研究．管理世界，1995（6）：198～205.

116. 韩明霞，过孝民，张衍燊．城市大气污染的人力资本损失研究．中国环境科学，2006，26（4）：509～512.

117. 韩天锡，兰友根．虚拟生态工业园建设的环境及运行条件研究．兰州学刊，2004（6）：134～136.

118. 郝艳红，王灵梅．火电厂生态工业园评价指标体系研究．环境科学与技术，2006，29（2）：70～71，74.

119. 胡山鹰，李有润，沈静珠．生态工业园区构建的分析和集成方法．金涌，李有润，冯久田．生态工业：原理与应用．北京：清华大学出版社，2003.

120. 胡山鹰，梁日志，房鑫等．联合企业型和生态工业系统剖析．金涌，李有润，冯久田．生态工业：原理与应用．北京：清华大学出版社，2003.

121. 胡振宇．解决广东省内区域发展不平衡问题需要新思路．脑库快参，2008（4）．

122. 花样年生态旅游策划有限公司．大溪谷生态旅游产业园概念策划汇报．http：//wenku. baidu. com/view/c6fc54d733d4b14e8524687c. html，2012－03－03.

123. 黄海凤，张宏华，蔡文祥．基于灰色聚类法的生态工业园区评价．浙江工业大学学报，2005，33（4）：380～382，402.

124. 黄菁．环境污染、人力资本与内生经济增长：一个简单的模型．南方经济，2009（4）：3～10.

125. 黄昆．固体物理学．北京：人民教育出版社，1979.

126. 黄祥明．产业—区域经济发展的活力——谈湖南省望城县域经济发展．企业家天地（理论版），2008（2）：30～31.

127. 纪明．关于当前我国县域经济发展几个重要性问题的认识．特区经济，2008（2）：271～272.

128. 江丽，陶雄生，刘宗连．湖南省资源节约型与环境友好型县域经济发展的模式选择．湖北经济学院学报（人文社会科学版），2008，5（2）：57～58.

129. 金涌，李有润，冯久田．生态工业：原理与应用．北京：清华大学出版社，2003.

130. 可持续发展指标体系课题组．中国城市环境可持续发展指标体系研究手册．北京：中国环境科学出版社，1999.

131. 李广明，黄有光．建立区域生态产业网络的经济分析——一个简单的成本效益模型．中国工业经济，2010（2）：5~15.

132. 李广明．建立区域生态产业网络的条件、要素与策略分析．“后金融时代的改革与发展：挑战与展望”(Proceedings of Post - Financial Crisis's economic Development：Challenges and Prospects)国际会议论文集，2009. 315~323.

133. 李庆雷．略论旅游产业的生态化转型．乐山师范学院学报，2011，26（5）：31~35.

134. 李仁安，朱晖．武汉生态工业园发展规划及评价指标体系研究．武汉理工大学学报，2006，28（11）：134~136.

135. 李如生．非平衡态热力学与耗散结构．北京：清华大学出版社，1986.

136. 李胜．循环经济园区实证研究．北京：经济科学出版社，2010.

137. 李守伟，钱省三．产业网络的复杂性研究与实证．科学学研究，2006，24（4）：529~534.

138. 李有润，沈静珠，胡山鹰等．生态工业及生态工业园区的研究与进展．化工学报，2001，52（3）：189~193.

139. 李增．广东经济动态效率分析．商业时代，2009（17）：113~114.

140. 梁涛．扬帆破浪正当时——“山东第一强”荣成市经济发展的成功经验与启示．企业家天地（理论版），2008（2）：180~181.

141. 刘光栋，吴文良，靳乐山等．人力资本法评估农业污染地下水环境价值损失．中国环境科学，2004，24（3）：372~375.

142. 刘晶茹，石垚，周传斌等．“农—工复合型”虚拟生态产业园规划研究．中国人口·资源与环境，2011，21（3）：311~313.

143. 刘晶茹，王如松．大力推进农工复合型虚拟生态产业园区建设．前进论坛，2011（8）：56~57.

144. 刘渝琳，温怀德．经济增长下的 FDI、环境污染损失与人力资本．世界经济研究，2007（11）：48~55.

145. 卢珂．中部崛起中的县域经济发展．社会科学辑刊，2008（2）：111~113.

146. 卢亮，陶卓民．农业旅游空间布局研究．商业研究，2005，327（19）：171~173.

147. 吕冰洋．中国资本积累：路径、效率和制度供给．北京：中国人民大学出版社，2007.

148. 罗斌，伍超，邱祝利．县域农业循环经济发展研究——以湖南省浏阳市为例．农业环境与发展，2007（4）：25~30.

149. 罗贞礼．区域边缘经济．长沙：湖南人民出版社，2007.

150. 马传栋．城市生态经济学．北京：经济日报出版社，1989.

151. 马士华，林勇，陈志祥．供应链管理．北京：机械工业出版社，2000.

152. ［美］迈里克·弗里曼（A. Myrick Freeman III）．资源与环境价值评估——理论与方法．曾贤刚译．北京：中国人民大学出版社，2002.

153. 明庆忠，李庆雷，陈英．旅游产业生态学研究．社会科学研究，2008（6）：123~128.

154. ［美］穆勒（Maler，K. G.）．理论环境经济学．孙中才译．北京：生活·读书·新知三联书店，1992.

155. 南海西岸旅游产业园．http://www.vipcareer.com/Publish/ViewArticle.aspx? articleId=30792，2012-03-08.

156. 秦颖，武春友，武春光．生态工业共生网络运作中存在的问题及其柔性化研究．软科学，2004，18（4）：38~42.

157. 邱全山．人力资本对广东省和江西省经济增长贡献的对比研究．暨南大学硕士学位论文，2006.

158. 沙润，吴江．城乡交错带旅游景观生态设计初步研究．地理学与国土研究，1997，13（3）：54~57，63.

159. 沈静珠，王韬．信息流生态分析．金涌，李有润，冯久田．生态工业：原理与应用．北京：清华大学出版社，2003.

160. 石垚．农工共生型虚拟生态产业园——创建农业产业化发展的新模式．http://wenku.baidu.com/view/80bdcc47b307e87101f6969a.html，2011.

161. 苏敬勤，刁晓纯．产业生态网络研究．大连：大连理工大学出版社，2009.

162. 孙炳炎．关于环境损失计量中修正的人力资本的计算指标．环境保护，1998（3）：44~45.

163. 孙广生，田海峰．面向供应链的环境治理组织模式研究——基于交易费用视角的考察．中国工业经济，2006（11）：60~68.

164. 孙国强．网络组织运作绩效的研究现状分析与研究框架构建．科学管理研究，2003，21（1）：83~86.

165. 孙景蔚．基于损耗的人力资本估算——以长江三角洲经济区三省市为例．中国人口科学，2005（2）：61~67.

166. 孙晓梅，崔兆杰，朱丽．生态工业园运行效率评价指标体系的研究．中国人口·资源与环境，2010，20（1）：124～128.

167. 唐晓华，王广凤，马小平．基于生态效益的生态产业链形成研究．中国工业经济，2007（11）：121～128.

168. 王虹．生态工业园运行机制与评价体系研究．北京：中国环境科学出版社，2008.

169. 王华锋．资源型城市可持续发展趋势与绩效研究——以煤炭城市为例．暨南大学硕士学位论文，2010.

170. 王坚．广东中旅超60亿打造南海西岸旅游产业园．南方日报，2010－08－30.

171. 王金南．环境经济学理论、方法、政策．北京：清华大学出版社，1994.

172. 王倩．济南市空气污染对人体健康造成经济损失的评估．山东大学硕士学位论文，2007.

173. 王如松，周涛等．产业生态学基础．北京：新华出版社，2006.

174. 王润，刘家明．旅游产业集群研究综述．地理科学进展，2012，31（10）：1407～1412.

175. 王少平，凌岚，沈玉欢．上海市莘庄工业园生态化研究．同济大学学报，2006，34（3）：388～392.

176. 王兆峰．旅游生态产业集群特征及发展对策．山东社会科学，2008（7）：115～119.

177. 王兆华，尹建华．生态工业园中工业共生网络运作模式研究．中国软科学，2005（2）：80～86.

178. 王兆华．循环经济：区域产业共生网络——生态工业园发展的理论与实践．北京：经济科学出版社，2007.

179. 王兆华．区域生态产业链管理理论与应用．北京：科学出版社，2010.

180. 魏秀芬，于战平．我国县域经济的发展模式．农村经营管理，2005（3）：47～48.

181. 吴必虎，黄琢玮，马小萌．中国城市周边乡村旅游地空间结构．地理科学，2004，24（6）：757～763.

182. 吴娓婷．广州新塘土地镉超标128倍，牛仔之乡陷治污乱局．经济观察报，2010－12－18.

183. 吴英敏，王晓林．发展县域经济的有效途径．企业标准化，2008

(2): 45 ~46.

184. 吴志军．生态工业园工业共生网络治理研究．当代财经，2006 (9): 84 ~88.

185. 五指石生态旅游产业园．http://www.mzpyly.com/jdview.asp? id = 17，2011 - 09 - 30.

186. 肖忠东，顾元勋，孙林岩．工业产业共生体系理论研究．科技进步与对策，2009，26 (17): 45 ~49.

187. 新华网．生态工业园为何成“鸡肋”．http://news.xinhuanet.com/video/2005 ~09/12/content_ 3477523.htm，2005 - 09 - 12.

188. 胥卫平，赵晓华．环境污染损失的经济评估方法研究．环境保护，2007 (4): 44 ~47.

189. 胥卫平．城市可持续发展能力环境影响评价．北京：科学出版社，2008.

190. 徐轶．广州市生态经济发展的典型影响因素研究．暨南大学硕士学位论文，2012.

191. 许乃中，曾维华，薛鹏丽．工业园区循环经济绩效评价方法研究．中国人口·资源与环境，2010，20 (3): 44 ~49.

192. 许士春，何正霞．中国经济增长与环境污染关系的实证分析．经济体制改革，2007 (4): 22 ~26.

193. 薛昊健，董颖颖，张文科．经济周期的热力学方法分析．西安联合大学学报，2003，6 (2): 83 ~87.

194. 杨国政．走近热力学，运用熵原理——对管理科学的思考．自然辩证法研究，1998，14 (4): 35 ~39.

195. 杨立岩，潘慧峰．人力资本、基础研究与经济增长．经济研究，2003 (4): 72 ~78.

196. 杨延哲，张教平，李世杰等．绿色招商与县域经济可持续发展——以河南省为例．地域研究与开发，2007，26 (5): 38 ~42.

197. 叶伟青，彭新育．人力资本及环境与经济增长——一个经济落后地区的内生增长模型．科技与管理，2001 (1): 64 ~68.

198. 于秀娟等．工业与生态．北京：科学工业出版社，2003.

199. 俞孔坚．城市生态基础设施建设的十大景观战略．住宅产业，2010 (4): 73 ~77.

200. 袁飚，陈雪梅．构建西江流域产业生态网络模式．改革与战略，2009，25 (1): 101 ~106.

201. 袁花，明庆忠，吕利军．循环经济视角下的旅游产业生态化研究．环境科学与管理，2009，34（11）：161～180.

202. 袁建明，王芳．基于循环经济模式的工业园区规划与评价研究．价值工程，2008（4）：19～21.

203. 袁媛，礴科伟，凌虹．张家港三大工业园区生态工业园建设指标体系研究．安徽农业科学，2007，35（2）：557～559，561.

204. 袁增伟，毕军．生态产业共生网络运营成本及其优化模型开发研究．系统工程理论与实践，2006（7）：92～99.

205. 战召磊，韩莉．创新导向型县域经济的模式分类及均衡选择．农村经济，2005（6）：66～71.

206. 湛果，张明举．循环经济理论与县域经济发展．安徽农业科学，2007，35（3）：916～917.

207. 张春霞，甘巧林．广州市乡村旅游供给空间结构特征研究．云南地理环境研究，2012，22（6）：69～75.

208. 张迪，张象枢，陈禹．企业发展循环经济的行为分析模型研究．生态经济，2009（6）：28～33.

209. 张帆．环境与自然资源经济学．上海：上海人民出版社，2007.

210. 张捷、张玉媚．广东省的库兹涅兹环境曲线及其决定因素．广东社会科学，2006（3）：17～23.

211. 张军，章元．对中国资本存量 K 的再估计．经济研究，2003（7）：35～43.

212. 张萌，姜振寰，胡军．工业共生网络运作模式及稳定性分析．中国工业经济，2008（6）：77～86.

213. 张萌，胡军．工业生态系统稳定性研究综述．东北林业大学学报，2007，35（6）：77～81.

214. 张楠楠，王伯铎，王清芬等．铅锌冶炼行业工业共生模式实例研究．环境科学研究，2008，21（2）：203～207.

215. 张芸，游春，张树深等．钢铁工业园区生态产业复合共生网络的设计与评价．现代化工，2008，28（4）：74～79.

216. 赵一平，朱庆华，耿勇，武春友．基于生态承载力的工业园区可持续发展评价浅析．科学学研究，2004（S1）：56～60.

217. 肇庆市发展和改革局．肇庆市区域经济发展“十一五”规划．2006.

218. 郑易生，阎林，钱薏红．90 年代中期中国环境污染经济损失估算．